KB040243

쓱쓱
술술
들리고
말하는
쓱술
영어회화

초판 인쇄일 2021년 4월 16일
초판 발행일 2021년 4월 23일
지은이 김환영
발행인 박정모
등록번호 제9-295호
발행처 도서출판 혜지원
주소 (10881) 경기도 파주시 회동길 445-4(문발동 638) 302호
전화 031)955-9221~5 팩스 031)955-9220
홈페이지 www.hyejiwon.co.kr

기획 · 진행 김태호, 박상호
디자인 김보리
본문 · 표지 삽화 김화연
영업마케팅 황대일, 서지영
ISBN 978-89-8379-734-6
정가 14,000원

쏙쏙 들리고 술술 말하는 쏙술 영어회화

I can do it!

김환영 지음

혜지원

머리말

"질문(Question)으로 영어를 마스터한다고?"

"네, 그렇습니다!"

이 책을 펼친 당신은 '어떻게 하면 영어를 잘 말할 수 있을까?'라는 궁금증을 가졌을 것입니다. 결론부터 말하자면, 해답은 질문에 있습니다.

대화(Conversation)는 질문(Question)과 대답(Answer)의 연속입니다. 대화의 시작은 대부분 질문으로 시작되죠. 외국인과의 대화도 마찬가지입니다.

필자는 30년째 다양한 곳에서 성인들을 대상으로 다양한 수준의 학습자들에게 영어를 가르치고 있습니다. 이를 바탕으로 깨달은 점은, 학습자는 좋은 질문을 받을 때 대답하고 싶어 하고, 질문이 오고 가야 자신의 이야기를 영어로 말하고 싶어 한다는 점입니다.

좋은 질문이란 ①쉬운(Easy) 질문이며, ②상대방이 대답하고 싶어 하는(Want to answer) 질문입니다. 좋은 질문은 상대방이 ③생각하게(Think) 하며, ④계획하게(Plan) 하고, ⑤결단하게(Decide) 하고, ⑥행동하게(Act) 하여 ⑦문제를 해결할 수(Solve) 있는 방법을 찾게 하기도 합니다.

이 책은 **100가지 다양한 주제별**로 **4개의 영어 질문에 대해 다양한 대답을 하는 연습**을 할 수 있도록 구성되어 있습니다. 영어로 생각하고, 계획하고, 행동하고, 문제를 해결할 수 있게 하며, 영어 말하기 능력을 향상시킬 것입니다. 그뿐만 아니라 영어회화에 자신감을 갖게 해 줄 것입니다. 외국인과의 자연스러운 대화를 위해 고민하는 당신에게 도움이 되기를 바랍니다.

The question is the answer
(질문이 곧 답이다)!

저자 김환영

책의 구성

ch32.mp3

ey.

chapter 32

I am good with

저는 돈 관리를 잘해요.

We have to tighten our belts until things get better.

Is there anything wrong with your business?

Dialogue

A : Honey, let's

B : Well, We ha

out for dinner tonight. I feel like having a steak.

ve to tighten our belts until things get better.

A : Is there anything wrong with your business?

but the current economy seems

and worse.

A : Oh, I see. Don't worry. You kno

B : We should save for a rainy da

표현·단어

• feel like ~ing ~하고 싶은 기분

~을 하고 싶다(= want to + 동사원형

• tighten one's belt

허리띠를 졸라매다, 어려움을 참

• get better 나아지다, 좋아

get worse and worse

84 김할영 영어회화

| Mp3 파일 |

Dialogue와 Today's Question에 대해 Mp3 파일을 제공하고 있습니다. 들으면서 반복적으로 따라 하여 자연스럽게 익혀 보세요.

| Dialogue |

각 주제별로 자연스러운 대화문을 만들었습니다. 주제별 올바른 대화 흐름을 파악할 수 있습니다. 10챕터마다 있는 복습 페이지와 중간중간에 있는 보너스 페이지도 같이 이용하여 직접 대화문을 만들어 보세요.

| 표현 · 단어 |

대화문에서 사용한 표현·단어 중 꼭 외워야 하는 것들입니다.

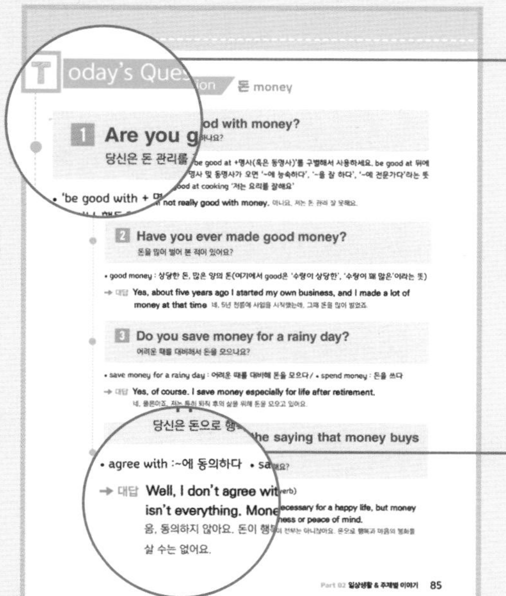
Today's Question 돈 money

1 Are you good with money?

당신은 돈 관리를 잘하나요?

2 Have you ever made good money?

3 Do you save money for a rainy day?

• agree with :~에 동의하다

→ 대답 Well, I don't agree with

isn't everything. Money

음, 동의하지 않아요. 돈이 행복

살 수는 없어요.

Part 02 일상생활 & 주제별 이야기 85

| Today's Question |

주제별로 4개씩 대표 질문 표현을 선정했습니다.

| 보충 설명 |

대표 질문에 대한 부가 설명, 대답, 유사 표현 등을 풍부하게 담았습니다. 질문과 대답을 자유롭게 구사해 보세요.

CONTENTS

"Part 01 외국인과의 첫 만남 & 친해지기"

"Part 02 일상생활 & 주제별 이야기"

Part 03 해외여행 영어회화 이야기

Part 01

외국인과의 첫 만남 & 친해지기

So pleased to meet you.

만나서 반가워요.

누군가를 처음 만났을 때 '만나서 반가워요'라는 말로 자주 쓰는 표현은 I's so nice to meet you / I'm glad to meet you./ I'm happy to meet you./ I'm so pleased to meet you 등이 있어요. 주어+동사 (It's 혹은 I'm)는 생략 가능해요.

Dialogue

A : **Hello,** it's very nice to meet you.

B : **Hi,** I'm so pleased to meet you**, too.**

A : Can you introduce yourself?

B : **Certainly, My name is James Parker. I am from Canada. How about you?**

A : **I am Kim, Seri. I'm Korean. Just call me Seri.**

B : **Seri.** What brought you here to korea?

A : 안녕하세요, 만나서 매우 반갑습니다.
B : 안녕하세요, 저도 역시 만나서 반가워요.
A : 자기소개를 해 주시겠어요?
B : 물론이에요, 제 이름은 제임스 파커예요. 캐나다에서 왔어요. 당신은요?
A : 저는 김세리입니다. 한국인이죠. 그냥 세리라고 불러 주세요.
B : 세리, 무슨 일로 여기에 오셨나요?

표현·단어

- **introduce~ to** ~를 ~에게 소개하다
- **pleased** 기쁜, 반가운 (=glad, happy)

Today's Question 소개 Introduction

1 Can you introduce yourself?

자기소개를 해 줄래요?

- Can you +동사원형? : ~할래요?(=Will you + 동사원형?), 제안할 때 자주 사용
- Let me +동사원형 : 제가 ~하도록 허락해 주세요, 제가 ~할게요

→ 대답 Certainly, let me introduce myself. 그럼요, 저를 소개하겠습니다.

2 What brought you here to Korea?

무슨 일로 여기 한국에 오셨나요?

- What brought you here?는 용건을 물을 때 자주 쓰는 표현으로 Why did you come here?보다 좋은 표현입니다. 유사표현으로 What brings you here?라고도 합니다.

→ 대답 **I came here on business.** 사업차 여기에 왔어요.

3 May I introduce myself?

제 소개를 해도 될까요?

→ 대답 **Sure, go ahead.** 물론이죠, 그렇게 하세요.

→ 유사 표현 **Could I introduce myself?** 저를 소개해도 될까요?

4 Why don't you meet each other?

서로 인사하는 게 어때요?

- Why don't you 동사원형? : ~하는 게 어때요? ~하지 그래요?(제안할 때 자주 사용)
- each other : 서로서로(둘이) • one another : 서로서로(셋 이상)

→ 대답 **This is my friend, John and this is my co-worker, Sally.**
이쪽은 제 친구 존(John)이고요. 이 사람은 제 동료 샐리(Sally)입니다.

→ 유사 표현 **Why don't you introduce yourselves?** 서로 소개하는 게 어떻습니까?

Nice to see you here.

여기에서 만나니 반가워요.

'만나다'라는 뜻으로는 meet와 see가 있는데, meet는 '처음 만날 때' 주로 쓰고, '아는 사이를 만날 때'는 see를 씁니다. Nice to see you는 아는 사람을 만났을 때, Nice to meet you는 처음 만났을 때 '만나서 반가워요'라는 말이니 구별해서 사용하세요.

Dialogue

A : **Hi, Jenny.** It's nice to see you here.

B : **Hello, Lucas.** So nice to see you.
What are you doing here?

A : **I'm just shopping. And you?**

B : **I came here to see my friend for lunch.**

A : Why don't we talk over a coffee if you have a little time?

B : **Sounds great. I've got about half an hour to kill.**

A : 안녕, 제니(Jenny). 여기에서 만나다니 반가워요.
B : 안녕하세요, 루카스(Lucas). 만나서 너무 반갑네요. 여기는 웬일이에요?
A : 그냥 쇼핑 다녀요. 당신은요?
B : 친구 만나서 점심 먹으려고 왔어요.
A : 시간이 괜찮으면 우리 커피 한잔하며 얘기 나누는 것 어때요?
B : 좋지요. 30분 정도 보낼 시간이 있어요.

표현·단어

- **if you have a little time** 시간이 괜찮으면
- **half an hour** 30분, 반

Today's Question 아는 사람 만났을 때 When you see someone you know

1 What are you doing here?
여기는 웬일이에요?

• What are you doing here?는 '여기에서 뭐하는 거예요?'의 진행의 뜻과 뜻밖의 장소에서 예상치 못하게 사람을 만났을 때 '여기는 웬일이에요?'라는 뜻으로 사용합니다.

→ 대답 **I am here to see Mr. Brown.** 저는 여기에 브라운(Brown) 씨를 만나러 왔어요.

→ 유사 표현 **What brought you here?/ What brings you here?** 여기는 무슨 일로 왔어요?

2 Why don't we talk over a coffee?
우리 커피 한잔하며 얘기 나누는 것 어때요?

• Why don't we+동사원형?은 우리~하는 게 어떨까요?(=Shall we+동사원형?)로, 제안할 때 씁니다.
• talk over : ~하면서 얘기하다/ talk over a coffee : 커피 한잔 하며 얘기하다

→ 대답 **That sounds good.** 좋지요.

→ 유사 표현 **How about having coffee with me?** 저랑 커피 마시는 게 어때요?

3 Do you have time to talk?
얘기할 시간 좀 있어요?

• have time to + 동사원형 : ~할 시간이 있다

→ 대답 **Sorry. I have to go now. Can I talk to you later?**
미안해요. 지금은 가 봐야 해요. 나중에 얘기할 수 있을까요?

→ 유사 표현 **Are you free now?** 지금 한가하세요?
Have you got a minute? 잠깐 시간 있으세요?

4 Can I call you later?
제가 나중에 전화해도 될까요?

→ 대답 **Of course. Call me anytime.** 물론이죠. 언제든지 전화하세요.

→ 유사 표현 **Shall I give you a call later?** 제가 나중에 전화 드릴까요?

I didn't catch your name.

당신 이름을 못 알아들었어요.

상대의 이름을 모르고 있거나 못 알아들었거나 잊어버린 경우, I don't remember your name(당신 이름을 기억 못합니다)보다는 I didn't catch your name(당신 이름을 못 알아들었어요)을 사용하는 것이 더 좋아요. 그리고 이어서 What's your name again?(이름이 뭐였죠?)이라고 하면 자연스럽죠.

Dialogue

A : Oh, it was an excellent lecture.

B : Yes, I agree. By the way, I didn't catch your name.

A : My name is Jackie Chan. May I ask your name, please?

B : Sure, I am Sally Jacks. What should I call you?

A : Just call me Jackie. Can I have your business card?

B : Certainly, here it is.

A : 오, 훌륭한 강의였어요.

B : 네. 맞아요. 그런데요, <u>당신 이름을 못 알아들었어요.</u>

A : 제 이름은 제키 첸(Jackie Chan)이에요. <u>성함을 여쭤 봐도 될까요?</u>

B : 그럼요, 저는 샐리 젝스(Sally Jacks)입니다. <u>당신을 뭐라고 부를까요?</u>

A : <u>그냥 제키(Jackie)라고 불러 주세요.</u> 명함을 받을 수 있을까요?

B : 물론이죠. 여기에 있어요.

표현·단어

- **excellent** 훌륭한, 뛰어난(= great)
- **lecture** 강연, 강의
- **by the way** 그런데 말이야 (화제를 바꿀 때 쓰는 표현)

Today's Question 이름 name

1 May I please ask your name?
성함을 여쭤 봐도 될까요?

- May I +동사원형?은 '제가 ~해도 될까요?'라는 뜻으로, 허락, 허가를 구할 때 쓰는 예의 있는 표현이며, 유사표현은 Can I+동사원형~? 입니다.

→ 대답 **Sure, my name is Julia Roberts.** 그럼요. 제 이름은 줄리아 로버츠(Julia Roberts)예요.

→ 유사 표현 **What's your name? Can I have your name?** 이름이 뭐죠?

2 What should I call you?
당신을 뭐라고 부르면 좋을까요?

- call : ~라 부르다, ~라 칭하다(= address : ~라 호칭하다)

→ 대답 **You can call me Julia. / Just call me Julia.** 줄리아(Julia)라고 불러도 돼요.

→ 유사 표현 **How should I address you?** 당신을 뭐라고 호칭할까요?

3 What's your first and last name?
당신의 이름과 성은 뭐예요?

- 명함(business card)에 Smith, John이라 써있다면 콤마(,) 앞에 쓴 것이 성(last name)이며, Mr. Smith라 부를 수 있죠. 공식적인 자리에서는 대부분 성(last name)에 Mr. 혹은 Mrs.를 붙여 부릅니다. 성명 full name, 성 last name, surname, family name, 이름 first name, given name 입니다.

→ 대답 **My last name is Roberts and my first name is Julia.**
제 성은 로버츠(Roberts)이고 이름은 줄리아(Julia)입니다.

4 Does your name have any meaning?
당신의 이름에는 어떤 뜻이 있나요?

→ 대답 **Yes, my name means 'Welcome' in English.** 제 이름은 영어로 '환영해'라는 뜻이에요.

→ 유사 표현 **What does your name mean?** 당신의 이름은 무슨 뜻입니까?

What country are you from?

어느 나라에서 왔어요?

나라, 출신지, 고향을 물을 때 What country are you from? / Where are you from? 혹은 Where do you come from?이라 하는데, Where are you coming from?은 출신지를 묻는 게 아니고, '어디에서 오는 중이야?'라는 뜻이니 I am coming from work(직장에서 오는 중이야)라고 대답합니다.

Dialogue

A : Where are you from?

B : **I'm from the United States of America.**

A : **What city in the states did you come from?**

B : **I came from New York.** What country are you from?

A : **I'm from Seoul, Korea.** Did you grow up in New York?

B : **No,** I was born and raised on the outskirts of New York.

A : 당신은 어디 출신이에요?

B : 저는 미합중국에서 왔어요.

A : 미국의 어느 도시에서 오셨어요?

B : 저는 뉴욕에서 왔어요. 당신은 어느 나라에서 왔어요?

A : 저는 한국에 있는 서울 출신이에요. 당신은 뉴욕에서 자랐나요?

B : 아니요, 저는 뉴욕의 외곽에서 태어나고 자랐어요.

표현·단어

- **grow up** 자라다
  (= be raised in + 장소 : ~에서 자라다)
- **be born in** ~에서 태어나다
- **on the outskirts of**
  ~의 외곽에, ~의 교외에

Today's Question 나라 & 고향 country & hometown

1 Where are you from?

어디 출신이에요?

→ 대답 I'm from Seattle, Washington. 저는 워싱턴주 시애틀에서 왔어요.

→ 유사 표현 Where is your hometown? 고향은 어디예요?

2 Where did you grow up?

어디에서 자랐나요?

• grow up in : ~에서 자라다(= be raised in+장소)

→ 대답 I grew up in Seoul. How about you? 저는 서울에서 자랐어요. 당신은요?

→ 유사 표현 Where were you raised? 어디에서 자랐나요?

3 Do you want to live in your hometown when you retire?

당신은 퇴직하면 고향에서 살고 싶으십니까?

• retire : 퇴직하다 • retirement : 퇴직

→ 대답 No, I don't. I just enjoy city life more than country life. What about you?
아니요, 저는 그저 시골 생활보다는 도시 생활을 더 즐깁니다. 당신은요?

→ 응용 표현 Have you ever wanted to go back to your hometown and live there?
당신은 고향으로 돌아가서 거기에서 살고 싶은 적이 있었나요?

4 What does hometown mean to you?

당신에게 고향은 어떤 의미인가요?

→ 대답 Hometown means where I'm from. Hometown is like a mother who gave me life. It's the place I always miss.
고향은 저의 출신지를 의미하죠. 고향은 제게 생명을 준 어머니와 같아요. 고향은 제가 언제나 그리워하는 장소입니다.

It's within walking distance.

그곳은 걸어서 갈 수 있는 거리에 있어요.

'근처에 혹은 가까이에 있다'라는 표현은 It's near here(이 근처에 있어요) / It's around here(이 주변에 있어요) / It's in this neighborhood(이 동네에 있어요)입니다. '그곳은 걸어서 갈 수 있는 거리에 있어요. 즉 도보거리에 있어요.'라고 할 때는 It's within walking distance라고 말합니다.

Dialogue

A : Where do you live now?

B : I live in Seoul. What about you?

A : I live near here because of my job. Is your home far from here?

B : No, not really. It's within walking distance. I usually walk to work.

A : That's good. Are you originally from here?

B : No, I moved here about five years ago when I got my job.

A : 당신은 지금 어디에 살아요?

B : 저는 서울에 살고 있어요. 당신은요?

A : 저는 직장 때문에 이 근처에 살고 있어요. 당신 집은 여기에서 멀어요?

B : 아니요, 꼭 그렇지는 않아요. 걸어서 갈 수 있는 거리에 있어요.
주로 걸어서 출근해요.

A : 좋네요. 당신은 원래 여기 출신인가요?

B : 아니요, 저는 5년 전쯤에 취업을 하면서 이곳으로 이사 왔어요.

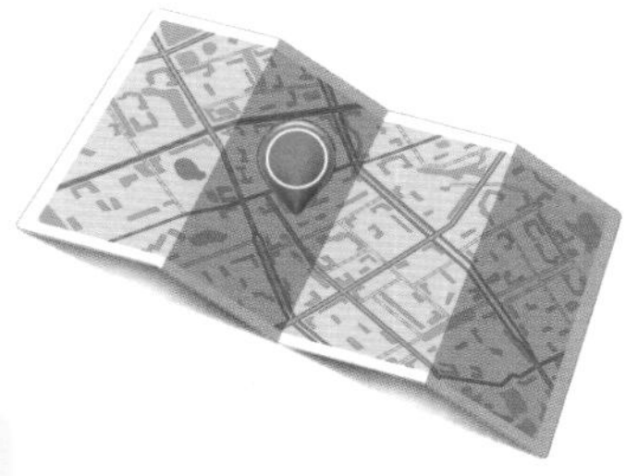

표현·단어

- **temporarily** 임시로
- **not really** 그렇지는 않아요, 별로예요
- **because of** ~때문에
- **originally** 원래, 본래

Today's Question 사는 곳 residence

1 Where do you live now?
지금 어디에서 살아요?

• 주소를 쓸 때는 한국어와는 달리 좁은 곳에서 넓은 곳 순서로 씁니다. 예를 들어, 서울시 종로구 삼봉로 270를 영어로 쓰면 270, Sambong-Ro, Jongno-Gu, Seoul, Korea라고 씁니다.

→ 대답 **I live in Seoul. How about you?** 저는 서울에 살아요. 당신은요?

2 Is your home far from here?
당신 집은 여기서 멀어요?

• far from here : 여기에서 멀리 있는(↔ near here : 여기서 가까운)

→ 대답 **Yes, it's a little far from here.** 네, 여기서 조금 멀어요

→ 응용 표현 **How far is it from here to your house?** 여기서 당신 집까지 얼마나 멀어요?

3 How long have you lived there?
당신은 그곳에서 얼마나 오래 살았어요?

→ 대답 **For about 20 years. It is my second hometown.**
20년 정도요. 이곳은 저의 제2의 고향입니다.

→ 유사 표현 **When did you move there?** 거기로 언제 이사했어요?

4 Where would you like to live if you had a choice to live anywhere?
당신에게 어디든 살 수 있는 선택권이 있다면 어디에서 살고 싶으신가요?

• have a choice to + 동사원형 : ~할 선택을 하다, 선택권을 가지고 있다

→ 대답 **I want to live in Jeju Island if I have a chance. I think Jeju Island is a good place to live in.** 기회가 있다면 저는 제주도에 살고 싶어요. 제주도는 살기 좋은 곳인 것 같아요.

I'm running my own business.

저는 개인 사업을 해요.

직업을 말할 때 '저는 개인 사업을 해요'를 영어로 I'm running my own business / I have my own business / I do my own business라 합니다. 여기서 run은 타동사로 '운영하다'라는 뜻입니다.

Dialogue

A : So, what do you do for a living?

B : I work for Samsung. How about you?

A : I'm running my own business. What's your job there?

B : I'm in the marketing department. What kind of business are you in?

A : I run a small trading company. I export kimchi to foreign countries.

B : That's really cool.

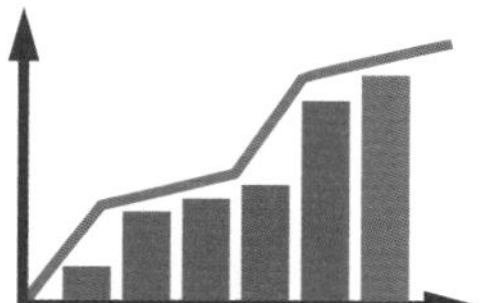

A : 그래서, 무슨 일을 하세요?

B : 저는 삼성에 근무해요. 당신은요?

A : 저는 개인사업을 해요. 거기에서 하는 일이 뭐예요?

B : 마케팅 부서에서 일해요. 당신은 어떤 종류의 사업을 하세요?

A : 저는 작은 무역회사를 운영하고 있어요. 외국에 김치를 수출합니다.

B : 그것 정말 멋지군요.

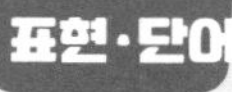

- **work for 회사** ~ 근무하다 / **work at 장소** ~에서 근무하다
- **trading company** 무역 회사 • **export** 수출하다

Today's Question 직업 job

1 What do you do for a living?

당신은 무슨 일을 하세요?

• 직업을 물을 때는 흔히 What's your job?이라고 하는데, job(일, 직업)은 구체적인 '직무' 업종을 묻는 공식적, 사무적 질문입니다. 더 좋은 표현은 What do you do for a living?인데, for a living(생계를 위해서)은 생략가능합니다.

→ 대답 **I work for a computer company.** 저는 컴퓨터회사에 다녀요.

→ 유사 표현 **Do you work? / Do you have a job? / What's your job?** 직업이 뭐예요?

2 What kind of business are you in?

어떤 종류의 일을 하세요?

• run a business : 사업(가게)을 하다, 운영하다 • discount store : (대형쇼핑)할인점

→ 대답 **I run a discount store.** 저는 할인점 가게를 운영합니다.

3 How long have you been working there?

거기에서 일한 지는 얼마나 오래되었나요?

• have been ~ing : 계속 ~해 왔다(현재완료 진행형)

→ 대답 **For about 5 years.** 약 5년 동안이요.

→ 유사 표현 **When did you start working there?** 언제부터 거기에서 일하기 시작했나요?

4 What's the best part of your job?

당신의 직업에서 가장 좋은 점은 무엇입니까?

→ 대답 **I really enjoy meeting people. I meet many kinds of new people at work and learn a lot about life from them.**

저는 사람들 만나는 것이 정말 즐거워요. 저는 직장에서 많은 유형의 새로운 사람들을 만나요.
그리고 그들로부터 인생에 대해 많은 걸 배워요.

ch07.mp3

chapter
07

I'm the youngest child.

저는 막내예요.

가족에 대해 말할 때 형제자매(brothers and sisters, siblings) 중에서 막내는 the youngest child, 외동이나 독자는 an only child, 맏이는 'the eldest child나 the firstborn child라고 합니다.

How many people are there in your family?
There're four in my family.

ialogue

A : So, how many people are there in your family?

B : There're four in my family; my husband, a son, a daughter, and me.

A : Do you have any brothers and sisters?

B : No. I have no siblings. I'm an only child. How about you?

A : I have five siblings. I am the youngest child.

B : Oh, you are from a large family.

A : 그래서 당신 가족은 몇 명입니까?

B : 저희 가족은 넷입니다. 남편, 아들 하나, 딸 하나, 그리고 저예요.

A : 당신은 형제자매가 있나요?

B : 아니요. 저는 형제자매가 없어요. 저는 독자입니다. 당신은 어때요?

A : 저는 다섯 형제자매가 있어요. 저는 막내예요.

B : 오, 당신은 대가족 출신이군요.

표현·단어 **family(가족)관련단어**

parents(부모님), sister(자매), brother(형제), wife(아내), husband(남편), daughter(딸), son(아들), relative(친척), grandmother(할머니), mother-in-law(시어머니, 장모), father-in-law(시아버지, 장인), son-in-law(사위), daughter-in-law(며느리), cousin(사촌), spouse(배우자), aunt(고모, 이모, 숙모), uncle(삼촌), in-laws(시댁, 시부모)

Today's Question 가족 family

1 How many people are there in your family?

당신 가족은 몇 명입니까?

- How many +복수명사(수) are there in + 장소? : ~에 몇 명(개)있나요?

→ 대답 **There are three people in my family; my parents and me.**
저희 가족은 셋입니다. 부모님과 저예요.

→ 유사 표현 **How large is your family? / How big is your family?** 당신의 가족은 몇 명입니까?

2 Do you have any brothers or sisters?

형제나 자매가 있습니까?

→ 대답 **Yes, I have two brothers and three sisters. I'm the eldest child.**
네, 저는 형제 둘, 자매 셋이 있어요. 저는 맏이예요.

→ 응용 표현 **How many children do you have?** 자녀가 몇 명입니까?

3 Do you get along well with your siblings?

형제자매들과 잘 지내나요?

- get along well with : ~와 잘 어울리다 • hang out with : ~와 어울려 시간을 보내다

→ 대답 **Yes, I often hang out with my brothers and sisters on the weekends.**
네, 저는 주말에 형제자매들과 자주 어울리며 시간을 보내요.

4 Are you the oldest son in your family?

당신은 장남인가요?

- the oldest son : 장남 • the oldest daughter : 장녀 • the youngest child : 막내

→ 대답 **Yes, I am. So I feel responsible for supporting my parents.**
네, 맞아요. 그래서 저는 부모님 부양하는 것에 책임을 느껴요.

You have a baby face.

당신은 동안이에요.

나이에 비해 젊어 보일 경우 영어로 You have a baby face(넌 동안이구나) / You look young for your age(나이에 비해 젊어 보이네요)라고 하면 칭찬이 됩니다. 젊어 보인다는 말은 누구나 좋아하죠.

Dialogue

A : Hey, you have a baby face. May I ask how old you are?

B : Thanks. How old do I look?

A : Well, you look about my age. I'm 28 years old.

B : Oh, yeah? I'm pushing 30 this year.

A : When is your birthday, by the way?

B : My birthday is July 3rd. It's just around the corner.

A : 저기요, 당신은 동안이네요. 몇 살인지 물어봐도 될까요?

B : 고마워요. 제가 몇 살 같아 보여요?

A : 글쎄요, 당신은 제 나이쯤 되어 보여요. 저는 28살이에요.

B : 오, 그래요? 저는 올해 30살이 돼요.

A : 그런데요, 당신 생일은 언제인가요?

B : 제 생일은 7월 3일이에요. 생일이 얼마 안 남았어요.

표현·단어

- **I'm pushing 30** 30살이 돼요
- **How old do I look?** 제가 몇 살 같아 보여요? (=Guess how old I am)
- **just around the corner** (거리, 시간) 다가와서, 가까운

Today's Question 나이·생일 age & birthday

1 May I ask how old you are?
몇 살인지 물어봐도 될까요?

• 나이를 공손하게 물어볼 때는 May I ask how old you are?라고 합니다.

→ 대답 I am 35 years old. 저는 서른다섯 살입니다.

→ 유사 표현 How old are you? / What's your age? 몇 살이에요?

2 When is your birthday?
당신 생일이 언제예요?

• birthday : 생일, date of birth : 생년월일 • 날짜를 말할 때는 서수로 말합니다.

→ 대답 My birthday is September 21st. What about you? 제 생일은 9월 21일이에요. 당신은요?

→ 유사 표현 When were you born? 언제 태어났어요?

3 How do you celebrate your birthday?
당신은 생일을 어떻게 축하해요?

• celebrate : 축하하다, 경축하다, 기념하다

→ 대답 I usually have a party with friends. 저는 주로 친구들과 함께 파티를 해요.

→ 유사 표현 What do you do on your birthday? 당신은 생일날에 뭐 하세요?

4 Do you eat any special foods on your birthday in your country?
당신 나라에서는 생일날에 특별한 음식을 먹나요?

→ 대답 Yes, we usually eat rice and seaweed soup on birthdays in Korea.
네, 한국에서는 생일날에 주로 쌀밥과 미역국을 먹어요.

→ 응용 표현 What do you usually eat on your birthday? 생일날에 주로 무엇을 먹나요?

Can I ask you something?

뭐 좀 물어봐도 될까요?

상대에게 뭔가를 묻고 싶을 때는 Can I ask you something?이라 말합니다. 사적인 질문을 할 때는 May I ask you some personal questions?(사적인 질문 몇 가지해도 될까요?)라고 말합니다.

Dialogue

A : Can I ask you something?

B : All right. go ahead.

A : Well, I was wondering whether you're married or not.

B : Oh, I've been married for about 5 years. How about you?

A : I'm single. Do you have any children?

B : No, I don't have any kids. We don't want kids, yet.

A : 뭐 좀 물어봐도 될까요?

B : 좋아요. 그렇게 하세요.

A : 글쎄요, 저는 당신이 결혼했는지 아닌지가 궁금했어요.

B : 오, 저는 결혼한 지 5년 정도 됐어요. 당신은요?

A : 저는 싱글이에요. 당신은 자녀가 있나요?

B : 아니요, 없어요. 우린 아직 아이들을 원하지 않아요.

표현·단어

- **go ahead** 그렇게 하세요.
  / 자, 어서 하세요.
  / (이야기를) 계속하세요.
- **I was wondering whether(=if) 주어 + 동사**
  ~인지 궁금했었다(의문문을 대신해서 쓸 수 있는 세련된 표현)

Today's Question 사적인 질문 personal questions

1 Can I ask you something?

뭐 좀 물어봐도 될까요?

- 나이와 결혼 여부를 묻는 것은 서양문화에서는 예의가 아니고 사적인 질문이니 삼가야 합니다. 꼭 알고 싶을 때는 roundabout questions(우회적인 질문)를 활용해 보세요. 직장인의 결혼여부를 알고 싶다면 What do you usually do after work?(퇴근 후에 주로 뭐하세요?)라고 물어보세요. 결혼한 사람이라면 곧장 집으로 가서 가족과 시간을 보낸다고 하거든요.

→ 대답 **Yes, go ahead.** 네, 말해 보세요.

→ 유사 표현 **May I ask you some questions?** 질문을 좀 해도 될까요?

2 Are you married or single?

당신은 결혼했나요 아니면 미혼인가요?

- married : 결혼한 / single : 독신의 / divorced : 이혼한 / widowed : 미망인이 된 / separated : 별거 중

→ 대답 **I'm married. How about you?** 저는 결혼했어요. 당신은요?

3 How long have you been married?

결혼한 지는 얼마나 되었나요?

- How long have you + p.p~? : 얼마나 오랫동안 ~해 왔나요?(현재완료의 계속적 용법)

→ 대답 **For about 12 years. What about you?** 12년쯤 됐어요. 당신은요?

→ 유사 표현 **When did you get married?** 당신은 언제 결혼했어요?

4 Are you happy with your married life?

결혼생활에 만족하세요?

- be happy with : ~에 만족하다(=be satisfied with : ~에 만족하다)

→ 대답 **Well, yes. I can say so. I am generally happy with my married life.**
네. 그렇다고 할 수 있어요. 저는 대체로 결혼 생활에 만족해요.

What are your interests?

너의 관심거리는 뭐니?

취미를 물어볼 때 자주 쓰는 표현으로 What do you like to do in your free time?(여가 시간에 뭐 하는 것을 좋아하니?) / What do you enjoy doing in your daily life?(일상생활에서 뭐 하는 게 즐겁니?) / What are your interests?(너의 관심거리는 뭐니?) 등이 있어요.

Dialogue

A : What are your hobbies?

B : **My hobbies are watching movies and swimming.**
What do you like to do in your free time?

A : **In my free time, I like to go hiking or walk in the park.**

B : What are your interests?

A : **Well, I'm interested in health care and diet these days.**

B : What's your favorite pastime?

A : 너의 취미는 뭐니?

B : 내 취미는 영화보기와 수영이야. 넌 여가시간에 뭐하는 걸 좋아하니?

A : 여가시간에 난 등산하기나 공원걷기를 좋아해.

B : 너의 관심거리는 뭐야?

A : 글쎄, 난 요즘 건강관리와 다이어트에 관심이 있어.

B : 네가 제일 좋아하는 오락거리는 뭐야?

표현·단어

- go hiking 등산가다, 하이킹 가다
- be interested in ~에 관심이 있다
- health care 건강관리
- pastime 오락, 취미, 기분 전환

Today's Question 취미 및 관심 hobbies & interests

1 What are your hobbies?
당신의 취미가 뭡니까?

• do for fun : 재미로 하다

→ 대답 I like swimming and fishing very much. 저는 수영과 낚시를 무척 좋아해요.

→ 유사 표현 What do you do for fun? 어떤 취미생활을 하세요?

2 What do you like to do in your free time?
당신은 여가시간에 뭐 하는 것을 좋아합니까?

• in one's free time : 자유시간에, 여가시간에(= in one's leisure time / in one's spare time)

→ 대답 I usually go fishing in my spare time. I'm really into fishing.
여가시간에 주로 낚시하러 가요. 저는 낚시에 푹 빠졌어요.

→ 유사 표현 How do you spend your leisure time? 여가 시간을 어떻게 보내세요?

3 What do you enjoy doing in your daily life?
당신은 일상생활에서 무엇을 즐겨 합니까?

• enjoy ~ing : ~하는 것을 즐기다(= like to + 동사원형 : ~하는 것을 좋아하다)

→ 대답 I enjoy riding a bicycle and going to the movies.
저는 자전거 타기와 영화 보러 가는 것을 즐깁니다.

→ 유사 표현 What do you like to do on a regular day? 일상생활에서 뭐 하는 게 좋아요?

4 What are you interested in these days?
당신은 요즘 무엇에 관심이 있어요?

• be interested in : ~에 관심이 있다(= have an interest in)/ • these days : 요즘(= nowadays)

→ 대답 I'm interested in new fashion trends.
저는 새로운 패션 트렌드에 관심이 있어요.

Free Talking Questions 1

자신의 상황에 맞게 자유롭게 질문하고 대답해 보세요.

01. *Can you introduce yourself?*

02. *Do you have any time to talk?*

03. *What should I call you?*

04. *Where do you live now?*

05. *Where did you grow up?*

06. *Do you want to live in your hometown when you retire?*

07. *Where would you like to live if you had a choice to live anywhere?*

08. *What kind of work do you do?*

09. *Do you have any brothers or sisters?*

10. *Are you from a large family?*

11. *How do you celebrate your birthday?*

12. *Do you eat any special foods for your birthday in your country?*

13. *May I ask you some personal questions?*

14. *What do you enjoy doing in your daily life?*

15. *What are you interested in these days?*

1. 자기소개를 해 줄래요?
2. 저와 얘기할 시간 좀 있어요?
3. 당신을 뭐라고 불러야 할까요?
4. 지금 어디에 살아요?
5. 어디에서 자랐나요?
6. 당신은 퇴직하면 고향에서 살고 싶습니까?
7. 당신에게 어디든 살 수 있는 선택권이 있다면 어디에서 살고 싶어요?
8. 무슨 일 하세요?
9. 당신은 형제나 자매가 있습니까?
10. 당신은 대가족 출신인가요?
11. 생일은 어떻게 축하해요?
12. 당신 나라에서는 생일에 특별한 음식을 먹나요?
13. 사적인 질문을 몇 가지 해도 될까요?
14. 당신은 일상생활 중에 뭐 하는 것을 즐기십니까?
15. 당신이 요즘 관심 있는 게 무엇입니까?

Please write a letter of self-introduction. 자기소개서를 작성해 보세요.

작성순서는 인사, 이름, 출신지, 사는 곳, 직업, 가족소개, 취미, 특기, 꿈 등에 대해 적어보세요.

What are you majoring in?

당신은 무엇을 전공합니까?

전공에 대해 물을 때는 What's your major?(전공이 뭐예요?) / What are you majoring in?(무엇을 전공하니?)라고 합니다. 'major'는 명사로 '전공'이고, 동사로 '전공하다'라는 뜻입니다. 동사로 쓸 때는 'major in(~을 전공하다)', 'minor in(~을 부전공하다)' 형태로 씁니다.

ialogue

A : Where do you go to school?

B : I go to Washington University. How about you?

A : I go to Seoul National University in Korea.
What're you majoring in?

B : I'm majoring in Business Management. What year are you?

A : I'm a senior. I will graduate sooner or later.

B : Is it hard for a college graduate to get a job in Korea?

A : 어느 학교에 다녀요?
B : 저는 워싱턴 대학교에 다녀요. 당신은요?
A : 한국에 있는 서울대학교에 다녀요. 당신은 무엇을 전공합니까?
B : 저는 경영학을 전공하고 있어요. 몇 학년이에요?
A : 저는 4학년이에요. 저는 조만간 대학교를 졸업하게 될 거예요.
B : 한국에서는 대학졸업자가 직업을 구하기가 어려운가요?

표현·단어

- business management 경영학
- sooner or later 조만간, 곧, 머지않아
- graduate from ~을 졸업하다
- college graduat 대학졸업자

Today's Question 대학교 및 전공 university & major

1 Where do you go to school?
어느 학교에 다녀요?

- 어느 학교에 다니는지 물을 때 자주 쓰는 표현으로는 Where do you go to school? / What school do you go to?(어느 학교 다녀요?) / What university do you attend?(어느 대학교 다녀요?)가 있습니다.
- university : 4년제 대학교 • college : 전문대학, 단과대학 • graduate school : 대학원

➜ 대답 **I go to Standford University.** 저는 스탠포드 대학교에 다녀요.

2 What are you majoring in?
당신은 무엇을 전공합니까?

➜ 대답 **I'm majoring in industrial design.** 저는 산업디자인을 전공해요.

➜ 유사 표현 **What do you specialize in?** 무엇을 전공하나요?

3 What year are you?
당신은 몇 학년인가요?

- 학년은 영어로 grade, year가 있는데, 1학년을 first grade, 2학년은 second grade처럼 서수로 말해요. 4년제 대학교를 기준으로 1학년 freshman, 2학년 sophomore, 3학년 junior, 4학년 senior라고도 해요.

➜ 대답 **I am a freshman.** 저는 1학년이에요.

➜ 유사 표현 **What grade are you in?** 몇 학년이니?

4 What do you want to do after graduating from college?
대학을 졸업한 후에 무엇을 하고 싶어요?

- want to + 동사원형: ~을 하고 싶다(= would like to + 동사원형)

➜ 대답 **I want to go to America and study English for a year.**
저는 미국에 가서 일 년 동안 영어를 공부하고 싶어요.

What are you good at?

당신은 무엇을 잘합니까?

무엇을 잘하는지 물어볼 때 What are you good at?(네가 잘하는 게 뭐니?) / What can you do well?(네가 잘할 수 있는 게 뭐니?)라고 합니다. be good at은 '~에 능숙하다'라는 뜻입니다.

Dialogue

A : What are you good at?

B : Well, I'm good at swimming, cooking, and playing golf.

A : How long have you been swimming?

B : For over 10 years. I think you're a good speaker of English.

A : Thanks. I can communicate with foreigners well.

B : I'm so jealous of you. I want to speak English fluently.

A : 당신은 무엇을 잘합니까?

B : 글쎄요, 저는 수영, 요리, 골프 치기를 잘해요.

A : 수영한 지는 얼마나 오래 됐어요?

B : 10년 이상 했어요. 당신은 영어를 참 잘하는 것 같아요.

A : 고마워요. 저는 외국인들과 의사소통을 잘할 수 있어요.

B : 당신이 참 부럽네요. 저는 영어를 유창하게 말하고 싶어요.

표현·단어

- **communicate with** ~와 의사소통을 하다
- **foreigner** 외국인
- **be jealous of** ~부러워하다, ~을 질투하다
- **fluently** 유창하게

Today's Question 특기 specialty

1 What are you good at?
당신은 무엇을 잘하나요?

- specialty : 특기(= forte : 강점, 특기, 잘하는 것)
- 상대가 잘하는 것을 칭찬할 때 You are a good singer(노래를 잘하시는군요)처럼 'You are a good 동사 + er(~하는 사람)' 문형을 자주 씁니다.

→ 대답 **I'm good at singing and dancing.** 저는 노래와 춤추기를 잘해요.

→ 유사 표현 **What's your specialty? / What's your forte?** 당신의 특기가 뭐예요?

2 Are you good at speaking English?
당신은 영어를 잘하십니까?

→ 대답 **No, I'm not, but I want to speak it well, so I'm studying English now.**
아니요, 잘은 못하지만 잘하고 싶어서 현재 영어를 공부하고 있습니다.

→ 유사 표현 **Can you speak English well?** 넌 영어를 잘 말할 수 있니?

3 Are you a fast or a slow learner?
당신은 빠른 학습자인가요, 아니면 느린 학습자인가요?

→ 대답 **Well, I'm a fast learner in sports, but a slow learner in languages.**
글쎄요, 저는 스포츠는 빨리 배우지만, 언어에 있어서는 느린 학습자예요.

4 What do you want to do well in the future?
미래에 무엇을 잘하고 싶어요?

- in the future : 미래에 • in the present : 현재에(= at present) • in the past : 과거에

→ 대답 **I want to speak English fluently and dance well, so I can enjoy the cruise.**
영어를 유창하게 잘하고 춤을 잘 추고 싶어요. 그래서 크루즈여행을 즐길 수 있게요.

Have a dream. Be ambitious.

꿈을 가져요. 야망을 가져요

Dream as if you'll live forever(꿈꾸라 영원히 살 것처럼)라는 말이 있지요. 꿈이 있는 사람은 생기 있고 삶이 활기차고 열정적입니다. 여러분의 꿈은 무엇인가요? What's your dream?

Dialogue

A : What was your dream in your younger years?

B : My dream was to get a good job and settle down.

A : Oh, your dreams have come true. What's your dream now?

B : Well, I don't have any special dreams now.

A : Come on, you still have a long way to go. Life is long.
Have a dream. Be ambitious.

B : I agree with you. I think I will have to map out my future.

A : 당신은 젊은 시절에 꿈이 무엇이었습니까?

B : 제 꿈은 좋은 직업을 구해서 정착하는 거였어요.

A : 오, 당신 꿈을 이루었네요. 지금은 꿈이 뭐예요?

B : 글쎄요, 지금은 특별한 꿈이 없어요.

A : 자, 당신은 아직 가야 할 길이 멀어요. 인생은 길잖아요. 꿈을 가져요. 야망을 가져요.

B : 당신 의견에 동의해요. 나의 미래를 설계해야겠다는 생각이 드네요.

표현·단어

- settle down 정착하다, 눌러앉다.
- still have a long way to go
  갈 길이 멀다, 가야 할 길이 멀다.
- map out one's future 미래를 설계하다,
  계획하다(= plan one's future)

Today's Question 꿈 및 희망 dream & hope

1 What was your dream in your younger years?
당신은 젊은 시절에 꿈이 무엇이었습니까?

- in one's younger years : 젊은 시절에
- in one's early(mid-/ late) 20s : 20대 초반에(중반/ 후반에)

→ 대답 **In my 20s, my dream was to become a tour guide and work around the world.** 20대에 저의 꿈은 투어가이드가 되어 세계를 다니며 일하는 것이었어요.

2 What's your dream?
당신의 꿈은 뭐예요?

→ 대답 **My dream is to become a doctor.** 제 꿈은 의사가 되는 거예요.

→ 유사 표현 **What do you want to be when you grow up?** 넌 자라면 뭐가 되고 싶니?

3 What do you want to do in 5 years?
앞으로 5년 후에 당신은 무엇을 하고 싶어요?

- in + 시간개념 : ~후에, 지나서 • in +장소 : ~에, 에서 • in + 공간 : ~안에

→ 대답 **I want to resign from my job and start my own business in the next 5 years.** 저는 앞으로 5년 후에 직업을 사직하고 창업을 하고 싶어요.

→ 유사 표현 **What would you like to do in the near future?** 가까운 미래에 무엇을 하고 싶어요?

4 Have you ever made a dream list or a bucket list?
꿈 목록이나 버킷리스트를 작성해 봤나요?

- make a list 목록을 작성하다 • bucket list : 죽기 전에 꼭 해 보고 싶은 일들을 적은 목록

→ 대답 **Yes, I've made a dream list.** 네, 저는 꿈 목록을 작성했어요.

How's it going so far?

그동안 어떻게 지냈니?

격식을 차리지 않아도 될 때나 친한 사이에는 인사말로 How is it going? / How is everything going?(어떻게 지내요?)이라 하며, 유사표현은 What's up?(무슨 일이야?) / What's new?(요즘 어때?) / What's happening?(별일 없어?) / What's going on?(무슨 일 있어?) 등이 있습니다.

Dialogue

A : Hello, Mr. Brown. How are you doing?

B : I'm doing well, thanks. How's it going so far?
How do you like your school life?

A : So far so good. I'm getting used to the new curriculum.

B : That sounds great. I thought you would do well in school.

A : Thank you so much. You've been very supportive of me.

B : Don't mention it. It's my pleasure to help you.

A : 안녕하세요, 브라운 선생님, 어떻게 지내세요?
B : 잘 지내. 고마워. 그동안 어떻게 지냈니? 학교생활은 어떠니?
A : 지금까지는 좋아요. 새로운 교과과정에도 익숙해지고 있어요.
B : 잘됐구나. 난 네가 학교생활을 잘할 줄 알았어.
A : 대단히 감사합니다. 선생님은 저를 많이 지지해 주셨어요.
B : 별말을 다 하는구나. 도움이 되었다니 내가 기쁘구나.

표현·단어

- **so far** 지금까지
  (예 so far so good : 지금까지 좋다, 그럭저럭 잘 지낸다)
- **get used to + 명사(혹은 동명사)** ~에 익숙해지다.
- **be supportive of** ~을 지지하다, 힘이 되다, 도움이 되다.

Today's Question 다양한 인사말 greetings

1 Hey, how's it going?

안녕하세요? / 어떻게 지내요?

- 편한 사이에 사용하는 격식 없는 인사말로 how are you? 대신에 자주 쓰는 인사말입니다. 대답으로는 Not much(별일 없어) / Nothing much(별일 없지) Good(잘 지내) / It's okay(괜찮아) / Doing well(잘 지내) / Not too bad(좋아) / Same as usual(늘 같아) 등이 있습니다.

→ 대답 **Not much. How's it going for you?** 별일 없어. 너도 잘 지내니?

→ 유사 표현 **How are you doing?** 안녕하세요? / **How is everything going?** 잘 지내죠?

2 How do you like your school life?

당신의 학교생활은 어때요?

- How do you like + 명사? : ~은 어떻습니까?, ~은 마음에 듭니까?(=How is 명사?)

→ 대답 **I like it very much.** 아주 많이 좋아요.

3 What's up? / What's happening? / What's going on?

무슨 일이야? / 요즘 어때? / 어떻게 지내요?

- How is it going?과 유사한 표현으로 편하게 인사할 때 How are you? 대신 사용합니다.

→ 대답 **Nothing much. How about you?** 별일 없어요. 당신은요?

4 How are you getting along these days?

요즘 어떻게 지내고 있나요?

- get along with : ~와 잘 지내다, ~와 사이가 좋다, ~와 어울리다, (일을) 그럭저럭 잘 해내다

→ 대답 **Pretty well. Thanks. How about you?** 잘 지내요. 고마워요. 당신은요?

→ 유사 표현 **What have you been doing lately?** 최근에 뭐 하면서 지냈어요?

You haven't aged at all.

당신은 전혀 늙지 않았군요.

오랜만에 만났는데 상대가 변하지 않은 모습일 경우 You haven't changed a bit(당신은 조금도 변하지 않았군요) / You haven't aged at all(당신은 전혀 늙지 않았군요)이라고 말합니다. 여기에서 age는 동사로 '나이 들다'라는 뜻입니다.

Dialogue

A : Look who is here! **Sally?** What brings you here?

B : **Yeah, what a nice surprise to see you here.**

A : It's been a long time, hasn't it? How have you been?

B : **Quite good, thanks.** You haven't aged at all.
You look great.

A : **Oh, thank you. I haven't seen much of you lately.**

B : **I've been too busy with work to attend any school reunions.**

A : 이게 누구야! 샐리(Sally)? 여긴 어쩐 일이니?
B : 응, 너를 여기서 만나다니 참으로 반갑구나.
A : 오랜만이구나, 그렇지? 그동안 어떻게 지냈어?
B : 잘 지냈어, 고마워. 넌 전혀 늙지 않았구나. 너 멋져 보인다.
A : 아, 고마워. 최근에 너 만나 보기 힘들던데.
B : 내가 일이 많아 너무 바빠서 학교 동창회에 참석 못했어.

표현·단어

- **be busy with** ~로 바쁘다
(= be busy ~ing), ~하느라 바쁘다.
- **too 형용사 to + 동사원형**
너무 ~해서 ~할 수 없다
- **school reunion** 학교 동창회

Today's Question 오랜만에 만났을 때

when you haven't seen someone for a long time

1 Hi, long time no see. How have you been?

안녕. 오랜만이네요. 그동안 어떻게 지냈어요?

- 아는 사람을 예상치 못한 곳에서 만났을 때 인사말로는 Look who is here!(이게 누구야?) / What a nice surprise!(정말 뜻밖이다 / 반갑다)/ It's been a long time/ Long time no see. How have you been?(오랜만이다, 어떻게 지냈니?). 여기에서 Long time no see는 비격식적인 표현으로 I haven't seen you for a long time(오랫동안 못 뵈었군요)라는 뜻입니다.

→ 대답 **It's been a while. I've been pretty well.** 오랜만이네요. 저는 잘 지냈어요.

2 What brings you here?

여기는 어쩐 일이에요?

- What brings you here?는 예상치 못한 곳에서 아는 사람을 만났을 때 '여긴 어쩐 일이에요?' 혹은 '여긴 무슨 일로 오셨나요?' 뜻으로 용건을 물을 때도 씁니다.

→ 대답 **I'm just shopping around here.** 그냥 쇼핑하고 있어요.

→ 유사 표현 **What are you doing here?** 여긴 웬일이에요?

3 You've changed so much. What've you been up to?

당신은 아주 많이 변했군요. 그동안 뭐하고 지냈어요?

→ 대답 **Never better. I started a business and it's going well.**
아주 잘 지내요. 사업을 시작했는데 잘되고 있어요.

→ 유사 표현 **You have changed a lot. You look wonderful.** 많이 변하셨네요. 멋져 보여요.

4 How is your family? Are they all doing well?

당신 가족은 어때요? 다 잘 지내요?

→ 대답 They are all fine except my old father. He is sick in bed now.
나이든 아버지를 빼고는 다 잘 지내요. 아버지는 아파서 누워 계세요.

I hope to see you again.

다시 만나길 바랍니다.

누군가와 헤어질 때 자주 쓰는 말로 Let's keep in touch(연락하며 지냅시다) / I hope to see you again(다시 만나길 바랍니다)이 있는데, 여기서 'keep in touch with +사람'은 '~와 연락을 유지하다'(=get in touch with / contact)입니다.

Dialogue

A : Well, it's time to say goodbye now. It was nice meeting you.

B : Yeah, I really enjoyed talking with you.

A : So did I. Thank you for everything. You've been so nice to me.

B : Don't mention it. My pleasure. Let's keep in touch.

A : Certainly, I hope to see you again.

B : I hope so, too. I'll miss you. Take good care of yourself.

A : 아, 이제 헤어질 시간이네요. 만나서 반가웠어요.

B : 네, 당신과 함께 얘기 나눠서 정말 즐거웠어요.

A : 저도 역시 그랬어요. 여러 가지로 감사했어요. 당신은 제게 참 잘해 주셨어요.

B : 별말씀을. 제가 오히려 즐거웠어요. 우리 연락하며 지냅시다.

A : 당연하죠. 다시 만나길 바랍니다.

B : 저도 역시 그러길 바라요. 당신이 보고 싶을 거예요. 건강 조심하세요.

표현·단어

- **Don't mention it** (고맙다는 말에 대한 정중한 인사로) 별 말씀을요 (= You're welcome : 천만에요)
- **My pleasure** 저도 기뻐요
- **take care of** ~을 돌보다
- **Take good care of yourself** 몸조리 잘하세요

Today's Question 헤어질 때

when you say goodbye to someone

1 Let's keep in touch. How can I contact you?

우리 연락하며 지냅시다. 어떻게 연락하면 될까요?

→ 대답 **This is my business card. Please contact me on Facebook.**
이게 제 명함이에요. 페이스북으로 연락하세요.

→ 유사 표현 **How can I get in touch with you?** 당신과 어떻게 연락을 할 수 있나요?

2 So when are you going to return to your country?

그래서 언제 당신 나라로 귀국할 예정인가요?

- return to + 장소 : ~로 돌아가다(= get back to + 장소 / go back to + 장소)

→ 대답 **Next week I'm going back home.** 다음 주에 집으로 돌아갈 거예요.

→ 유사 표현 **When are you going back to your home?** 언제 집에 돌아가나요?

3 Did you enjoy your stay in Korea?

한국에서의 체류는 즐거웠나요?

→ 대답 **Yes, I did. I really had a good time in Korea. It was a wonderful trip.**
네, 그랬어요. 한국에서 정말 즐거웠어요. 멋진 여행이었어요.

→ 유사 표현 **Did you enjoy your trip to Korea?** 한국 여행은 즐거웠나요?

4 Thanks to your hospitality, I really had a good time here in Korea. How can I return the favor?

당신의 환대 덕분에, 여기 한국에서 정말로 즐거운 시간을 보냈어요. 어떻게 보답하죠?

- thanks to + 명사 : ~덕분에
- return a favor : 보답하다, 은혜를 갚다

→ 대답 **Oh, it was my pleasure. I enjoyed hanging around with you.**
아, 제가 오히려 즐거웠어요. 저는 당신과 어울리는 게 즐거웠어요.

I don't care for sports.

저는 스포츠는 별로예요.

어떤 것을 '좋아하다'라는 말로 흔히 'like / be fond of'를 쓰며, 부정문으로 '좋아하지 않다 / 싫어하다'라고 말할 때 'don't(doesn't) like 혹은 dislike'를 쓸 수도 있지만, 미국인들은 부정문과 의문문에 care for를 자주 씁니다. 예를 들면 I don't care for sports(저는 스포츠는 별로예요)와 같은 식입니다.

Dialogue

A : Do you like sports?

B : Yes, I love them. I'm really into soccer now. How about you?

A : Actually, I don't care for sports. I'm fond of music.
What kind of sports do you like?

B : I like soccer, tennis, and swimming.

A : Are you good at soccer?

B : No, I just joined the Morning Soccer Club in town.

A : 스포츠 좋아하세요?

B : 네, 무척 좋아해요. <u>저는 지금 축구에 푹 빠져 있어요.</u> 당신은요?

A : 사실은, <u>스포츠는 별로예요.</u> 전 음악을 좋아합니다. <u>어떤 종류의 스포츠를 좋아하세요?</u>

B : 저는 축구, 테니스, 수영을 좋아해요.

A : <u>축구 잘하세요?</u>

B : 아니요. 저희 마을의 조기축구동호회에 막 가입했어요.

표현·단어

- be really into ~에 푹 빠져 있다, ~을 아주 좋아하다, 관심이 많다
- be good at ~을 잘하다, 능숙하게 하다

Today's Question 스포츠 sports

1 Do you care for sports?

당신은 스포츠를 좋아하세요?

- care for가 부정문과 의문문에 쓰이면 '~을 좋아하다, 마음에 들다(=like)'라는 뜻이고, 평서문에 쓰이면 '~를 돌보다, ~을 보살피다'라는 뜻입니다. (예 Would you care for some coffee? : 커피 좀 드시겠어요?)

→ 대답 **Yes, I like them very much.** 네, 저는 스포츠를 아주 많이 좋아해요.

2 What sports can you play?

어떤 스포츠를 할 수 있나요?

- 2인 이상이 하는 스포츠(soccer, tennis, ping-pong, badminton, baseball, basketball 등)는 동사 play를 쓰고, 주로 혼자 하는 스포츠(swimming, skiing, skating, bowling등)는 동사 swim, ski, skate, bowl을 씁니다(예 I can swim well : 나는 수영을 잘해).

→ 대답 **I can play ping-pong and tennis well. And I can swim a little.**
저는 탁구와 테니스를 잘 쳐요. 그리고 수영은 좀 할 수 있어요.

3 Do you like playing sports or watching sports games?

당신은 스포츠 하는 것을 좋아하나요, 아니면 스포츠 경기 보는 걸 좋아하나요?

→ 대답 **I like playing sports more than watching them. I'm an active person.**
저는 스포츠를 보는 것보다 하는 것을 더 좋아해요. 저는 활동적인 사람이에요.

4 What sport do you like the most?

어떤 스포츠를 가장 좋아하세요?

→ 대답 I love swimming. I feel so good in the water. I swim like a fish.
수영을 무척 좋아해요. 물속에서는 기분이 너무 좋아요. 저는 수영을 무척 잘해요.

→ 유사 표현 What's your favorite sport? 제일 좋아하는 스포츠는 뭐예요?

Be my guest and help yourself.

마음껏 갖다 드세요.

상대방의 부탁을 들어주며 '그렇게 하세요.'를 영어로 Be my guest라고 하는데 직역하면, '내 손님이 되어라', 즉 '좋을 대로 하시오', '마음대로 하시오'라는 뜻입니다. 혹은 양보할 때 Ladies first(숙녀 먼저) / After you(당신 먼저) / You first(먼저 하세요)의 뜻으로 Be my guest를 쓰기도 합니다.

Dialogue

A : Oh, this chicken soup is really great. I enjoyed it a lot.

B : Be my guest and help yourself to some more, please.

A : No thanks. I've had enough. It's the best dish I've had all week.

B : Oh, I'm so flattered. I'm glad to hear that.

A : Did you ever take a cooking class?

B : Yes, I attended a cooking class last year.
So, I got a cooking license.

A : 이 닭고기 수프 정말 맛있네요. 너무 맛있게 먹었습니다.

B : 마음껏 좀 더 드세요.

A : 아닙니다. 충분히 먹었어요. 이것은 제가 이번 주 내내 먹은 것 중에 최고의 요리였어요.

B : 오, 과찬의 말씀이에요. 그 말을 들으니 기쁘네요.

A : 요리하는 법을 배운 적이 있나요?

B : 네, 작년에 요리교실에 다녔어요. 그래서 요리사자격증을 땄어요.

표현·단어

- I've had enough 충분히 먹었어요(= I've had plenty / I had my fill : 양껏 먹었어요)
- dish 요리
- main dish 주 요리
- side dish 부 요리, 반찬
- flatter 아첨하다, 과찬하다(I'm so flattered : 제가 과찬을 받네요)

Today's Question 좋아하는 음식 favorite food

1 Do you like to cook?

당신은 요리하는 것을 좋아하세요?

→ 대답 **No, not really, I'm not a good cook.** 아니요, 별로예요. 전 요리를 못해요.

→ 유사 표현 **Do you enjoy cooking?** 요리하는 것을 즐기세요?

2 What kind of food do you like?

어떤 종류의 음식을 좋아하세요?

• kind of : ~종류의(=sort of)

→ 대답 **I like Japanese and Chinese food.** 저는 일식, 중국식 음식을 좋아합니다.

→ 유사 표현 **What food do you enjoy?** 너는 어떤 음식을 즐겨 먹니?

3 What do you usually eat for breakfast?

아침식사로 주로 무엇을 먹나요?

• breakfast : 아침식사 • lunch : 점심식사 • dinner : 저녁식사(= supper)

→ 대답 **I eat typical Korean food such as rice, soup, kimchi, and other side dishes.**
저는 밥, 국, 김치 그리고 몇 가지 반찬과 같은 전형적인 한국음식을 먹어요.

4 What's your favorite dish that makes you feel good and happy?

당신을 기분 좋고 행복하게 만들어 주는 당신이 제일 좋아하는 요리는 뭐예요?

• dish : 요리 • feel good : 기분 좋다 • happy : 행복한

→ 대답 **I like seafood very much. My favorite dish is lobster.**
저는 해산물 요리를 무척 좋아해요. 제일 좋아하는 요리는 바닷가재예요.

→ 유사 표현 **What kind of food makes you happy?** 어떤 음식을 먹으면 행복해지나요?

Oh, you're such an early bird.

아, 당신은 참 부지런하군요.

The early bird catches the worm(일찍 일어나는 새가 벌레를 잡는다)라는 영어속담이 있는데, early bird는 morning person(아침형 인간), 즉 '부지런한 사람'을 말합니다. 반면 밤에 에너지가 넘치고 활동하기 좋아하는 사람은 night owl(올빼미 같은 사람, 야행성 사람)이라고 합니다.

Dialogue

A : So what time shall we meet for hiking tomorrow morning?

B : How about meeting at the church at 7 o'clock?

A : Seven? I'm not a morning person.
What time do you usually get up?

B : I get up at 5 a.m. and attend the morning service every day.

A : Oh, you're such an early bird. I'm more of a night owl.

B : Well, tomorrow's hiking is a special monthly event.
So why don't we leave early in the morning?

A : 그래서 내일 아침 몇 시에 등산하러 갈까요?

B : 7시에 교회에서 만나는 게 어때요?

A : 7시요? 저는 아침형인간이 아니에요. 당신은 주로 몇 시에 일어나요?

B : 저는 매일 오전 5시에 일어나서 아침 예배를 참석합니다.

A : 아, 참 부지런하군요. 저는 오히려 올빼미형이에요.

B : 음, 내일 하이킹은 월간 특별행사예요. 그러니 우리 아침 일찍 떠나는 게 어때요?

표현·단어

- **How about ~ing~?** ~하는 게 어때요?(제안할 때 사용)
- **Why don't we + 동사원형~?** 우리 ~하면 어떻겠습니까?(제안할 때 사용)
- **morning service** 아침 예배
- **leave** 떠나다, 출발하다

Today's Question 하루일과 daily routine

1 What time shall we meet for hiking tomorrow morning?

내일 아침 몇 시에 등산하러 갈까요?

• shall we +동사원형? : 우리 ~할까요? • meet for : ~을 위해 만나다, ~하러 만나다

→ 대답 **Let's meet at seven.** 7시에 만납시다.

2 What time do you usually get up?

당신은 몇 시에 주로 일어나요?

• get up : (잠자리에서) 일어나다(= wake up) ↔ go to bed : 잠자리에 들다

→ 대답 **I usually get up around 8 o'clock. I'm not an early bird.**
주로 8시 경에 일어나요. 저는 아침형 인간이 아니에요.

3 Are you an early bird or a night owl?

당신은 아침형 인간입니까, 아니면 올빼미형입니까?

→ 대답 **I'm an early bird. I always wake up at 5 o'clock in the morning.**
저는 아침형 인간이에요. 저는 항상 아침 5시에 일어나요.

→ 유사 표현 **Are you a morning person or a night person?**
당신은 아침형 인간입니까, 아니면 야행성 인간입니까?

4 What do you do when you wake up?

당신은 일어나면 무엇을 하나요?

• practice meditation : 명상을 하다(=meditate) • do yoga : 요가를 하다

→ 대답 **I practice meditation for 20 minutes and then do yoga for another 20 minutes every morning. What about you?**
저는 매일 아침 20분 동안 명상하고 그런 다음 또 20분 동안 요가를 합니다. 당신은요?

Bonus page 하루 일과(my daily routine)와 관련된 표현

아래 내용을 참고하여 자신의 하루일과를 적어 보세요.

01. I usually ***get up at 6*** o'clock in the morning. 저는 보통 오전 6시에 일어납니다.

02. I ***make the bed.*** 저는 침대를 정리정돈 합니다.

03. I ***wash my face*** and ***brush my teeth*** after breakfast.
저는 아침식사 후 세수를 하고 양치를 합니다.

04. I ***put on make-up*** and ***get dressed*** for the day.
저는 화장을 하고 그날을 위한 옷을 차려입습니다.

05. I ***leave for work*** at 7:30 in the morning. 저는 오전 7시 30분에 일하러 갑니다.

06. I ***go to work*** by bus. 저는 버스를 타고 출근합니다.

07. I ***get to work*** at 8:30. 저는 8시 30분에 직장에 도착합니다.

08. I ***start my day*** at 9. 저는 9시에 하루일과를 시작합니다.

09. I ***check my e-mail*** and read a newspaper. 저는 이메일을 확인하고 신문을 읽습니다.

10. I ***work hard*** all day. 저는 하루 종일 열심히 일합니다.

11. I ***eat lunch*** with my co-workers at a cafeteria at 12:30.
저는 12시 30분에 구내식당에서 동료들과 함께 점심을 먹습니다.

12. I usually ***get tired and hungry*** at about 5 o'clock in the afternoon.
저는 대개 오후 5시쯤에는 피곤하고 배가 고파집니다.

13. I ***get off work*** around 6. 저는 6시경에 퇴근합니다.

14. Sometimes I ***meet friends for*** dinner after work.
저는 때때로 퇴근 후에 저녁을 먹으러 친구를 만납니다.

15. I ***get back home*** abound 8 o'clock in the evening.
저는 저녁 8시경에 귀가합니다.

16. I ***change clothes*** and ***take a shower.*** 저는 옷을 갈아입고 샤워를 합니다.

17. I watch news on TV or ***rest*** at home.
저는 TV에서 뉴스를 보거나 집에서 휴식을 취합니다.

18. I usually ***read a book*** before going to bed.
저는 잠자리에 들기 전에 주로 독서를 합니다.

19. I always ***set the alarm for the next day*** before bed.
저는 잠자리에 들기 전에 다음날을 위해 항상 알람을 맞춥니다.

20. I ***go to bed*** around 11:30 at night. 저는 밤 11시 30분경에 잠자리에 듭니다.

Please write down your daily routine with more than 10 sentences.

당신의 매일 일상을 10문장 이상으로 적어 보세요.

You're so uptight these days.

너 요즘 너무 신경질적이야.

성격을 표현하는 단어는 introvert(내성적인), extrovert(외향적인), active(활동적인), sociable(사교적인), humorous(유머 있는), polite(예의바른), diligent(부지런한), uptight(신경질적인, 긴장하는, 깐깐한) 등이 있습니다. '너 요즘 너무 신경질적이야'는 영어로 You're so uptight these days라고 합니다.

Dialogue

A : How come you're so grumpy this morning?
Did I do anything wrong?

B : No, you didn't.

A : You're so uptight these days. What's the matter?

B : I've been so stressed-out recently. I am sorry to make you feel uncomfortable.

A : Oh, now I understand. I hope you feel better soon.

B : I hope so, too. Thanks for understanding.

A : 오늘 아침에 왜 그렇게 짜증을 부리는 거야? 내가 뭐 잘못했니?
B : 아니야, 넌 아무것도 잘못한 것 없어.
A : 너 요즘 아주 신경질적이야. 뭐가 문제야?
B : 내가 최근에 너무 스트레스 받아서 그랬어. 너를 불편하게 해서 미안해.
A : 아, 이제야 너를 이해하겠다. 네가 기분이 나아지길 바란다.
B : 나도 그러길 바란다. 이해해 줘서 고마워.

표현·단어

- **be uptight** 초조해하다, 깐깐하다, 긴장하고 신경질 부리다, 빡빡하게 굴다
- **be tired from** ~로 인해 피곤하다
- **stressed-out** 스트레스로 지친
- **uncomfortable** 불편한 ↔ **comfortable** 편안한(= easy)

Today's Question 성격 personality

1 How come you're so grumpy this morning?

오늘 아침에 왜 그렇게 짜증을 부리는 거야?

• how come 주어 + 동사~ : 어째서(= why : 왜) • grumpy : 투덜대는, 짜증부리는, 심술 난

→ 대답 **I'm so sorry. I'm just tired these days.** 미안해요. 제가 요즘 피곤해서 그래요.

2 Are you shy of strangers?

당신은 낯을 가리나요?

• be shy of strangers : 낯을 가리다(= be afraid of strangers)
• a fish out of water : 물 밖에 나온 고기(낯선 환경에서 불편해 하는 사람)

→ 대답 **Yes, I am. I feel like a fish out of water when I'm in a new place.**
네, 맞아요. 저는 새로운 장소에 있을 때 정말 어색해합니다.

3 How would you describe your personalty?

당신의 성격을 어떻게 묘사하시겠습니까?

→ 대답 **I think I am outgoing, active, flexible, and diligent, but sometimes picky.**
저는 외향적이고 활동적이며 융통성 있고 부지런하지만, 때로는 까다로운 것 같아요.

→ 유사 표현 **What's your personality like?** 당신의 성격은 어때요?

4 What was your first impression of me?

저에 대한 첫인상은 어땠어요?

• 첫인상(first impression)을 결정짓는 것은 뭘까요? 외모(appearance), 직업(work), 스타일(style), 매너(manners), 성격(personality), 언행(words & actions), 지식(knowledge)일까요? What type of people are attracted to you?(당신은 어떤 성향의 사람에게 끌리시나요?)

→ 대답 **It was very favorable. You looked friendly, polite, and considerate.**
아주 호의적이었어요. 당신은 다정하고 예의 바르고 사려 깊은 것 같아 보였어요.

Free Talking Questions 2

자신의 상황에 맞게 자유롭게 질문하고 대답해 보세요.

01. *What college do you go to?*

02. *When did you graduate from college?*

03. *What are you good at?*

04. *What do you want to do well in the future?*

05. *What was your dream when you were a child?*

06. *What do you want to do in the next 10 years?*

07. *How are you getting along these days?*

08. *How is your family? Are they all doing well?*

09. *What was your favorite Korean food?*

10. *What sports can you play?*

11. *What's your favorite sport?*

12. *What kind of food do you like?*

13. *What do you usually eat for breakfast?*

14. *Are you an early bird or a night owl?*

15. *What was your first impression of me?*

1. 어느 대학에 다녀요?
2. 언제 대학을 졸업했어요?
3. 당신은 무엇을 잘하십니까?
4. 미래에 무엇을 잘하고 싶어요?
5. 어릴 적에 꿈이 뭐였어요?
6. 앞으로 10년 후에 당신은 무엇을 하고 싶어요?
7. 요즘 어떻게 지내고 있어요?
8. 당신 가족은 어때요? 다 잘 지내요?
9. 가장 좋아하는 한국 음식이 무엇이었습니까?
10. 당신은 어떤 스포츠를 할 수 있나요?
11. 당신이 가장 좋아하는 스포츠는 뭐예요?
12. 어떤 종류의 음식을 좋아하세요?
13. 아침식사로 주로 무엇을 먹나요?
14. 당신은 아침형인간입니까, 아니면 올빼미 형입니까?
15. 저에 대한 첫인상이 어땠어요?

Bonus page 성격(personality) 관련 어휘

긍정적인 표현

01. positive 긍정적인, 낙관적인
02. introverted 내성적인, 내향적인
03. extroverted 외향적인(= outgoing)
04. straightforward 솔직한, 직설적인
05. patient 참을성 있는, 인내심 있는
06. sincere 진실한, 정성어린
07. independent 독립적인
08. considerate 사려 깊은, 배려하는
09. flexible 융통성 있는, 유연한
10. playful 장난기 많은, 놀기 좋아하는
11. polite 예의 바른
12. humorous 유머 있는
13. witty 재치 있는
14. generous 너그러운, 관대한
15. easy-going 원만한, 느긋한, 태평스런

부정적인 표현

16. negative 부정적인
17. aggressive 공격적인, 엄청 적극적인
18. determined 단호한, 완강한
19. demanding 요구가 많은
20. picky 까다로운(= choosy)
21. bossy 권위적인, 우두머리 행사하는
22. grumpy 짜증부리는, 투덜거리는, 성격 나쁜
23. crabby 심술궂은, 까칠한
24. hot-tempered 다혈질의, 욱하는
25. conservative 보수적인
26. stubborn 고집 센, 완고한
27. indecisive 우유부단한, 결정 잘못하는
28. wishy-washy 우유부단한, 확고하지 못한
29. impulsive 충동적인
30. arrogant 거만한

Part 02

일상생활 & 주제별 이야기

Let's hit the road.

출발합시다.

길을 떠날 때 '길을 떠나자, 출발하자. 여행을 떠나자'라는 말은 영어로 Let's hit the road라 합니다. hit the books(열심히 공부하다) / hit the bottle(술을 마시다) / hit the ceiling(발끈하다, 화나서 길길이 날뛰다) 등도 자주 사용되는 표현입니다.

Dialogue

A : Do you have any plans for this weekend?

B : No, not much. How about you?

A : I'm planning to go on a trip to Busan. Have you been there?

B : No, I haven't. I've wanted to go there for a long time.

A : That's nice. I was looking for a companion.
Will you join me?

B : Oh, thanks for asking. I'd love to. Let's hit the road.

A : 이번 주말에 무슨 계획 있어요?
B : 아니요, 별일 없어요. 당신은요?
A : 저는 부산으로 여행 갈 계획이에요. 거기 가 봤어요?
B : 아니요, 저는 오랫동안 그곳에 가 보고 싶었어요.
A : 그것 잘됐네요. 제가 동행자를 찾고 있었어요. 저와 함께 갈래요?
B : 아, 물어봐 줘서 고마워요. 기꺼이 그러고 싶어요. 함께 출발합시다.

표현·단어

- be planning to + **동사원형** ~할 계획이다
- for a long time 오랫동안
- companion 동행자, 친구, 동반자

Today's Question 여행 travel

1 Do you have any plans for this weekend?

이번 주말에 무슨 계획 있어요?

→ 대답 **Yes, I do. I'm going to travel with friends.** 네, 있어요. 친구들과 여행 갈 거예요.

→ 유사 표현 **What's your plan for this weekend?** 이번 주말 계획이 뭐예요?

2 Do you like traveling?

여행을 좋아하세요?

여행이란 단어에는 travel(동사로 '여행하다', 명사로 '여행'), trip(명사로 일반적인 '짧은 여행'), tour(관광 여행), journey(멀리 가는 여정, 육지여행), cruise(선박 여행) 등이 있는데 차이와 쓰임을 알아두세요.

- travel : 여행하다 (=go on a trip/ take a trip 여행을 가다)

→ 대답 **Yes, I love it. Travelling is one of my favorite pastimes.**

네, 아주 좋아합니다. 여행은 제가 가장 좋아하는 취미 중 하나예요.

3 Have you ever traveled abroad before?

전에 해외여행 해 본 적 있어요?

- Have you ever + p.p~? : ~해 본 적 있어요?(경험을 물을 때) • abroad 해외에, 해외

→ 대답 **Yes, I have been to many foreign countries because I like to travel overseas.**

네, 저는 해외여행 가는 것을 좋아해서 많은 외국을 다녀왔어요.

4 What was your favorite trip abroad so far?

지금까지 가장 좋았던 해외여행은 무엇이었습니까?

→ 대답 **Two years ago, I went on a cruise in the Eastern Mediterranean for ten days. It was fantastic and the most enjoyable trip of my life. You should go there.**

2년 전에 저는 10일 동안 동부지중해 크루즈여행을 갔어요.

그것은 환상적이고 제 인생에서 가장 즐거운 여행이었어요. 당신도 꼭 가 보셔야 해요.

You deserve a good vacation.

넌 좋은 휴가를 보낼 자격이 있어.

열심히 일한 사람에게 You deserve a good vacation(넌 좋은 휴가를 보낼 자격이 있어) / Get some good rest on your vacation(휴가 가서 푹 쉬세요)이라고 말해보세요. deserve는 '~받을 자격이 있다'라는 뜻입니다. You deserve a reward(당신은 보상을 받을 만해요).

Dialogue

A : Hey, what are you going to do during these summer holidays?

B : I want to get some rest on this vacation.
You know I haven't even taken a single day off for two years.

A : You're right. You need to recharge and refresh yourself.

B : Taking a week off won't do me any harm, will it?

A : You bet! You deserve a good vacation. Where do you want to go?

B : I'd like to go to a nice resort and relax.

A : 이봐, 넌 이번 여름휴가 때 무엇을 할 예정이니?

B : 난 이번 휴가에 쉬고 싶어. 내가 2년 동안 단 하루도 쉬지 않은 거 알잖아.

A : 맞아. 너는 재충전하고 기분 전환도 할 필요가 있어.

B : 일주일 쉰다고 내게 큰일이 나지는 않겠지, 그렇지?

A : 당연하지. 넌 좋은 휴가를 보낼 자격이 있어. 어디로 가고 싶니?

B : 나는 멋진 리조트에 가서 푹 쉬고 싶어.

표현·단어

- get some rest 휴식을 취하다
- take a day off 하루 쉬다
- recharge 재충전하다
- refresh oneself 기분 전환하다
- You bet 당연하지

Today's Question 여름휴가 summer holidays

1 What are you going to do during these summer holidays?

이번 여름 휴가 때 무엇을 할 예정입니까?

- 휴가를 뜻하는 단어: holiday(휴일, 휴가), vacation(방학, 휴가), a day off(쉬는 날), break(짧은 휴식), coffee break(휴식시간) 등이 있으며, leave는 명사로 공식적인 휴가를 뜻하며 sick leave(병가), annual leave(연차), monthly leave(월차), paid leave(유급휴가), maternity leave(출산휴가) 등으로 씁니다.

→ 대답 **I'm going to take a vacation on the beach.** 해변에서 휴가를 보낼 예정이에요.

2 When do you usually take holidays?

당신은 주로 언제 휴가를 가십니까?

- take a vacation : 휴가를 얻다(= go on (a)vacation / go on a holiday : 휴가를 가다)

→ 대답 **I like to go on vacation in the summer.** 저는 여름에 휴가 가는 걸 좋아해요.

3 How do you want to spend your holidays this year?

올해는 휴가를 어떻게 보내고 싶어요?

→ 대답 **I just want to forget everything about work and rest in a nice resort.**
저는 일에 대한 것은 그저 다 잊어버리고 멋진 리조트에서 쉬고 싶어요.

→ 유사 표현 **What do you want to do during the holidays?** 휴가 동안 무엇을 하고 싶어요?

4 What would you do if you could take a full day off?

만약 당신이 하루를 온통 쉴 수 있다면, 무엇을 하시겠어요?

- '가정법 과거형은 If 주어 + 동사의 과거형, 주어 +조동사의 과거형(would 혹은 could) +동사원형'의 형태입니다. 뜻은 '만약~라면, ~일 텐데'이며 현재 사실에 대한 반대 내용을 가정할 때 사용합니다.

→ 대답 **If I had a full day off, I would go to the library and spend it reading books.**
만약 하루 온통 쉰다면, 도서관에 가서 종일 책 읽으며 보낼 거예요.

ch23.mp3

chapter
23

I'm having the time of my life.

난 인생에서의 전성기를 보내고 있어.

have the time of one's life는 '인생에서의 전성기를 보내다, 아주 즐거운 시간을 보내다'라는 뜻으로 I'm having the time of my life라고 쓰면 '난 아주 즐거운 시간을 보내고 있어'라는 뜻입니다.

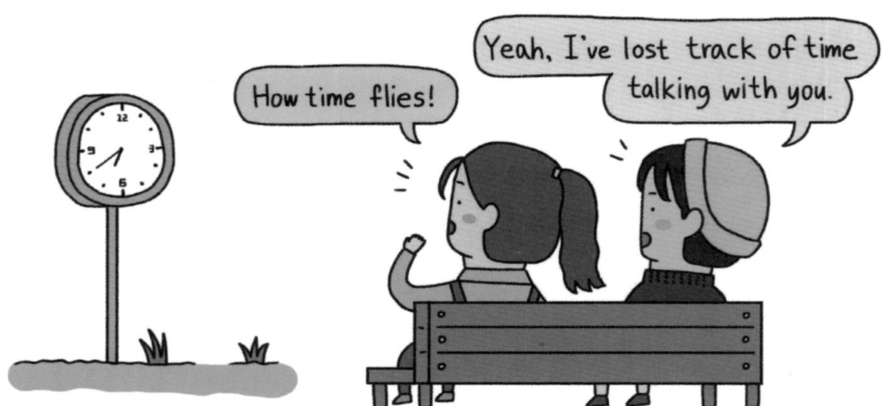
How time flies!
Yeah, I've lost track of time talking with you.

Dialogue

A : I heard you moved to Seoul last month. How is your life there?

B : I'm having the time of my life. City life is just perfect for me.

A : That's good. You seem to be so satisfied.

B : You said it. By the way, what time is it now?

A : It's already 6:40 p.m. How time flies!

B : Yeah, I've lost track of time talking with you. I've got to go.

A : 네가 지난달에 서울로 이사 갔다고 들었어, 거기 생활은 어때?

B : 인생에서의 전성기를 보내고 있어. 도시 생활이 내게 딱 맞아.

A : 그것 잘됐구나. 네가 무척 만족하는 것 같네.

B : 맞아. 그런데, 지금 몇 시야?

A : 벌써 6시 40분이네. 시간 참 잘 가네.

B : 그래. 너와 얘기하느라 시간 가는 줄 몰랐어. 나 가 봐야 해.

표현·단어

- **satisfied** 만족한(= happy / content)
- **be satisfied with** ~에 만족하다
- **lose track of time ~ing**
  ~하느라 시간 가는 줄 모르다

Today's Question 시간 & 세월 time

1 How is your life there?
거기 생활은 어때요?

→ 대답 **It's great. I really enjoy my life here.** 아주 좋아요. 여기 생활을 정말로 즐겨요.

→ 유사 표현 **How do you like your life there?** 거기 생활은 어떻습니까?

2 Do you have any time to talk with me now?
지금 저와 얘기할 시간 좀 있어요?

- 시간(time)관련 영어표현: How time flies!(세월 참 빠르다!) / Time is flying(시간 참 빨리 가네) / Time flies like an arrow(세월은 화살처럼 빠르다) / Time flies when you're having fun(행복할 때 시간이 빨리 가죠) / Do you have time to + 동사원형?(~할 시간 있어요?)이 있습니다.

→ 대답 **Sorry, I have no time to talk. I'm in a hurry now. Talk to you later.**
미안해요, 얘기할 시간 없어요. 나 지금 급해요. 나중에 얘기해요.

3 Is time flying or dragging for you these days?
요즘 당신은 시간이 빨리 가나요, 아니면 천천히 가나요?

- drag : 질질 끌려가다, 끌고 가다 • Time is dragging : 시간이 더디게 가다

→ 대답 **Time is really flying for me.** 저는 시간이 정말 빨리 가요.

→ 유사 표현 **How is your time going these days?** 요즘 당신의 시간은 어떻게 가고 있나요?

4 What was the happiest time of your life?
인생에서 가장 행복한 시간은 언제였어요?

→ 대답 **The happiest day of my life was when I received a college admission letter.**
제 인생에서 가장 행복했던 날은 대학입학 합격통지서를 받았을 때였어요.

The weather is so fickle here.

여기 날씨가 참 변덕스럽네.

날씨가 자주 변하고 변덕스러울 때는 The weather is so fickle here라고 합니다. fickle과 유사어로 changeable(변하기 쉬운) 혹은 unpredictable(예측불허의)이 있는데, 날씨나 사람 행동 성격, 물건에도 사용할 수 있습니다.

Dialogue

A : Hello, Is that you, Jack? Where are you now?

B : Hey, Sally? What's up? I'm traveling in Jeju Island.

A : Oh, great! I just wanted to meet you for dinner because we haven't seen each other for a long time.

B : Alright. I'll be in touch with you when I get back.

A : Sure. what's the weather like there, by the way?

B : The weather is so fickle here.

A : 여보세요? 너 잭(Jack)이니? 너 지금 어디에 있니?

B : 헤이, 샐리(Sally)? 무슨 일이야? 난 제주도에서 여행 중이야.

A : 오, 멋진데. 난 그냥 너를 만나 저녁 먹고 싶었지.
왜냐면 우리가 오랫동안 못 봤잖아.

B : 좋아, 돌아가면 내가 연락할게.

A : 그래. 그런데 그곳 날씨는 어때?

B : 여기 날씨는 참 변덕스럽네.

표현·단어

- **be in touch with**
  ~와 연락을 하다(= get in touch with / keep in touch with)

Today's Question 계절 및 날씨 season & weather

1 What's the weather like today?

오늘 날씨 어때요?

→ 대답 It's very cold and a little cloudy. It looks like it's going to snow today.
무척 춥고 약간 흐려요. 오늘은 눈이 올 것 같아요.

→ 유사 표현 How is the weather today? 오늘 날씨 어때요?

2 How many seasons are there in Korea?

한국에는 계절이 몇 개 있나요?

- How many + 복수명사 are there in + 장소? : ~에 몇 개(명) 있나요?

→ 대답 There are four seasons in Korea; spring, summer, fall, and winter.
한국에는 봄, 여름, 가을, 겨울 이렇게 사계절이 있어요.

3 How is the weather in the summer in Korea?

한국 여름 날씨는 어때요?

- weather(날씨) 관련 단어 : warm(따뜻한), hot(더운), cool(선선한, 시원한), cold(추운), freezing(무척 추운), windy(바람 부는), humid(습한), pleasant(쾌적한), dry(더운), cloudy(흐린), snowy(눈 오는), rainy(비 오는), stormy(폭풍이 치는)

→ 대답 It's usually hot and humid in the summer. Sometimes it rains a lot.
여름에는 보통 덥고 습해요. 때때로 비가 많이 와요.

4 What's your favorite season?

당신이 가장 좋아하는 계절이 뭐예요?

→ 대답 I like spring the most because many kinds of flowers bloom.
저는 봄을 가장 좋아해요. 왜냐하면 많은 종류의 꽃들이 피니까요.

→ 유사 표현 What season do you like the most? 무슨 계절을 가장 좋아해요?

You're in great shape.

몸매가 참 좋으시네요.

몸매가 좋은 사람에게는 You're in great shape(몸매가 참 좋네요) / It looks like you are staying fit(당신은 몸매관리를 잘 하는 것 같네요)라고 말하면 칭찬이 되겠죠. 여기에서 shape는 '체형, 몸매(= figure)'라는 뜻입니다.

Dialogue

A : Do you exercise a lot? You're in great shape.

B : Yes, I work out at the gym three times a week. How about you?

A : I'm not much of an athlete.

B : What do you do to stay healthy?

A : I don't take exercise regularly. But, I often walk in the park.

B : I think walking is good exercise.

A : 운동을 많이 하시나요? 몸매가 참 좋으시네요.

B : 네, 저는 주 3회 헬스장에서 운동해요. 당신은요?

A : 저는 운동을 많이 하지 못해요.

B : 당신은 건강을 유지하기 위해 무엇을 하시나요?

A : 저는 규칙적으로 운동하지 않아요.
하지만 공원을 자주 걸어요.

B : 걷기는 좋은 운동이라고 생각해요.

표현·단어

- **not much of** 대단한 ~이 아닌
  잘하는 게 아닌
- **stay healthy** 건강을 유지하다
  (= stay in shape / get in shape)

Today's Question 운동 및 몸매 workout & body shape

1 Do you exercise a lot?
운동을 많이 하시나요?

• exercise : (명사)운동, (동사)운동하다 • work out : (건강, 몸매관리를 위해) 관리하다, 운동하다

→ 대답 No, not very much. How about you? 아니요. 그렇지는 않아요. 당신은요?

→ 유사 표현 Do you like to work out? 운동하는 것을 좋아하나요?

2 What do you do to stay healthy?
당신은 건강을 유지하기 위해 무엇을 하나요?

• keep in good shape : 몸매를 잘 유지하다 • be out of shape : 몸매가 엉망이다, 건강이 나쁘다

→ 대답 I try to eat less and do more exercise to stay in shape.
저는 몸매를 유지하기 위해 덜 먹고 운동은 더 하려고 노력해요.

→ 유사 표현 How do you keep in good shape? 어떻게 몸매를 잘 유지하세요?

3 How often do you work out?
얼마나 자주 운동하나요?

→ 대답 I work out almost every day. 저는 거의 매일 운동해요.

→ 유사 표현 How often do you exercise? 얼마나 자주 운동하나요?

4 How would you like to improve yourself?
당신은 어떻게 자신을 발전시키고 싶으세요?

• weight(체중) 관련 단어 : overweight(과체중의), obese(비만의), plump(통통한 : 같은 말로 chubby. 긍정적 표현), fat(뚱뚱한, 살찐 : 부정적 표현), slim(날씬한), thin(마른), skinny(비쩍 마른)

→ 대답 I was in good shape last year, but I gained a lot of weight this year and I am out of shape now. I need to lose eight kilograms.
제가 작년엔 몸매가 좋았었지만 올해 살이 많이 쪘어요. 그래서 이제는 몸매가 엉망이에요.
저는 8kg을 감량해야 해요.

What are friends for?

친구 좋다는 게 뭐야?

What are friends for? 직역하면 '친구가 무엇을 위해 있는가?'라는 말인데, 즉 '친구 좋다는 게 뭐야?'라는 뜻입니다. 응용표현으로 What are brothers for?(형제 좋다는 게 뭐야?) / What are neighbors for?(이웃 좋다는 게 뭐야?) 등이 있습니다.

I'll be a big spender for you today.
Oh, that's great. Thanks.

Dialogue

A : How can I thank you enough?
Thanks to your help, I got a promotion.

B : Don't mention it. Think nothing of it. What are friends for?

A : Well, let's hang out tonight. I'll be a big spender for you.

B : Oh, that's great. Thanks. Where do you want to go?

A : It's up to you. Can you recommend any good places for dinner?

B : You know I'm a newcomer here.

A : 너에게 어떻게 감사를 하지? 너의 도움 덕분에 내가 승진을 했어.

B : 별말씀을. 신경 쓰지 마. 친구 좋다는 게 뭐야?

A : 어, 오늘밤 함께 시간 보내자. 내가 한 턱 낼게.

B : 오, 그것 좋지. 고마워. 어디로 가고 싶어?

A : 그것은 네가 알아서 해. 저녁식사하기에 좋은 장소 추천해 줄래?

B : 내가 이곳에 새로 온 것 너도 알잖아.

표현·단어

- Thanks to ~덕분에
- big spender 돈을 많이 쓰는 사람
- be up to ~에 달려 있다
- recommend 추천하다
- newcomer 새로 온 사람, 신참, 신입

Today's Question 친구 friends

1 What are friends for?

친구 좋다는 게 뭐야?

- friend(친구) 관련 단어 : friend(친구), companion(동반자, 동행), buddy, mate, chum(짝, 친구, 벗 : 비격식표현), pal(짝, 친구), close friend(친한 친구), drinking buddy(술친구), school friend(학교 친구), fair-weather friend(형편이 좋을 때만 친구), bosom buddy(절친한 친구)

→ 대답 **Thank you. How nice of you to say so!** 그렇게 말해주니 참으로 고맙군!

2 Do you make friends easily?

당신은 친구를 쉽게 사귀나요?

- make friends : 친구를 사귀다

→ 대답 **Yes, kind of. I think I'm a sociable person.**
네, 그런 편이에요. 저는 사교적인 사람인 것 같아요.

→ 유사 표현 **Are you good at making friends?** 당신은 친구를 잘 사귀나요?

3 Where do you usually hang out with your friends?

당신은 친구들과 주로 어디에서 어울려요?

- hang out with : ~와 어울리다, ~와 시간을 보내다(=spend time with +사람)

→ 대답 **We usually hang out at a cafe or a restaurant in Itaewon.**
우리는 주로 이태원에 있는 카페나 레스토랑에서 놀아요.

4 Do you get along well with your friends?

친구들과 잘 지내십니까?

- get along well with : ~와 잘 어울리다 • life of the party : 파티 분위기 돋우는 사람

→ 대답 **You bet. Everybody says I'm the life of the party.**
당연하죠. 모두들 제가 파티 분위기 돋우는 사람이라 말해요.

You are the apple of my eye.

넌 내게 가장 소중한 사람이야.

'눈에 넣어도 안 아플 정도로 아주 소중한 사람'을 영어로 apple of one's eye라고 합니다. apple of the eye는 '눈동자'라는 뜻입니다. My daughter is the apple of my eye(내 딸은 내게 가장 소중한 존재야)라는 말은 딸이 '눈동자 같이 소중한 존재'라는 말이죠.

Dialogue

A : Honey, will you have an apple for dessert?

B : No, thanks. Grandma. I've had enough. I had a heavy breakfast.

A : An apple a day keeps the doctor away.

B : I know, but I am really full now. I can't eat anymore.

A : I see. Please remember that you're the apple of my eye.

B : Thank you. I love you and I respect you. You're my role model.

A : 얘야, 후식으로 사과 한 개 먹을래?

B : 아니에요, 할머니. 충분히 먹었어요. 저는 아침을 많이 먹었어요.

A : 하루에 사과 한 개를 먹으면 의사가 필요 없단다.

B : 알고 있어요. 하지만 저는 지금 너무 배불러요.
더 이상 먹을 수 없어요.

A : 알겠다. 넌 내게 아주 소중한 사람이란 걸 기억해라.

B : 감사합니다. 저는 할머니를 사랑하고 존경합니다.
할머니는 제가 닮고 싶은 분이에요.

표현·단어

- **I've had enough**
충분히 먹었어요(= I had my fill : 양껏 먹었어요. / I've eaten plenty).
- **keep something away**
~을 멀리하게 하다.
- **full** 가득 찬, 배부른
- **respect** 존경하다
- **role model** 역할 모델, 모범이 되는 사람, 닮고 싶은 사람

Today's Question 과일 fruits

1 Will you have an apple for dessert?

후식으로 사과 한 개 먹을래?

• 과일 관련 영어 표현: My car is a lemon(내 차는 불량품이야)에서 lemon은 주로 '중고차 불량품', '똥차'라는 의미입니다. She is a cherry picker(그 여자는 까다로운 사람이야)에서, cherry picker는 '혜택만 쏙 빼먹는 사람', '까다로운 사람'이라는 뜻입니다. My sister and I are apples and oranges with hobbies(나의 언니와 나는 취미가 서로 전혀 달라요)에서 apples and oranges는 '완전히 다른 두 개', '비교할 수 없을 만큼 다른 것'을 뜻합니다.

→ 대답 **Yes, please. I like apples.** 네, 주세요. 저는 사과를 좋아해요.

2 Do you eat a lot of fruit every day?

당신은 매일 과일을 많이 먹나요?

• 과일 전체를 총칭할 때나 식품으로서의 fruit는 단수 집합명사로 취급합니다. 그러나 과일의 종류를 나타낼 때의 fruit는 보통명사로 취급하여 a fruit나 fruits로 쓸 수 있습니다.

→ 대답 **Yes, I love it, so I try to eat fresh and seasonal fruit every day.**
네, 저는 과일을 무척 좋아해요. 그래서 매일 신선한 제철 과일을 먹으려고 노력해요.

3 Do you have a fruitarian in your family?

당신 가족 중에 프루테리언이 있나요?

• fruitarian : 과일을 주로 식사대용으로 먹는 사람

→ 대답 **No, not in my family. But one of my friends is a fruitarian.**
아니요, 가족 중에는 없어요. 하지만 제 친구 중 한 명이 프루테리언입니다.

4 What kind of fruits are popular in Korea?

한국에서는 어떤 종류의 과일이 인기 있나요?

→ 대답 **Apples, pears, persimmons, mandarin oranges, strawberries, and watermelons are popular in Korea.**
사과, 배, 감, 귤, 딸기, 수박 등이 한국에서 인기 있어요.

Are you a vegetarian?

채식주의자인가요?

채식을 주로 하는 사람을 영어로 vegetarian이라 하는데, 생선과 계란도 먹지 않는 엄격한 채식주의자는 vegan(비건), 경우에 따라 육류나 생선을 먹는 사람은 flexitarian(플렉시테리언)이라고 합니다. 이는 flexible(융통성 있는)+vegetarian(채식주의자)의 합성어입니다.

Dialogue

A : **Don't you like meat?**
These grilled pork ribs are really great.

B : **I'm not a meat-lover. It looks delicious. Enjoy yourself.**

A : Are you a vegetarian, by any chance?

B : **Well, yes, I'm not a vegan, but a flexitarian.**
I try to follow a plant-based diet.

A : Why don't you try some? **It's amazing.**

B : **No, thanks.** I just don't feel like it now.

A : 고기를 좋아하지 않나요? 이 돼지갈비구이 정말 맛있어요.
B : 저는 고기 애호가가 아니에요. 맛있어 보이네요. 맛있게 드세요.
A : 혹시 채식주의자인가요?
B : 네, 저는 비건은 아니고, 플렉시테리언이죠. 저는 식물 위주의 식단을 따르려고 노력해요.
A : 좀 먹어 보지 그래요? 끝내주는 맛이에요.
B : 아니요, 됐어요. 지금은 그냥 먹고 싶지 않아요.

표현·단어

- **Enjoy yourself** 맛있게 드세요, 즐거운 시간 되세요.
- **Help yourself** 갖다 드세요
- **plant-based diet** 식물(야채) 위주 식단

Today's Question 채소 vegetables

1 Are you a vegetarian, by any chance?

당신은 혹시 채식주의자인가요?

• by any chance : 혹시 • by chance : 우연히

→ 대답 Yes, I'm on a plant-based diet with fruits, nuts, and whole grains.
네, 저는 과일, 견과류, 통밀을 곁들인 식물 위주의 식사를 합니다.

2 What kind of vegetables do you usually eat in Korea?

한국에서는 주로 어떤 종류의 채소를 먹나요?

→ 대답 We eat cabbage, lettuce, cucumber, green chili peppers, onions, bean sprouts, mushrooms, spinach, sesame leaves, carrots, and so on.
배추, 상추, 오이, 풋고추, 양파, 콩나물, 버섯, 시금치, 깻잎, 당근 등을 먹어요.

3 What do you think about a vegetarian diet?

당신은 채식주의 식단에 대해 어떻게 생각하십니까?

→ 대답 There are a lot of benefits to a vegetarian diet, but I don't think it's the best diet in the world.
채식주의 식단에 많은 이로운 점이 있지만, 그것이 이 세상에서 최고의 식단이라 생각하지는 않습니다.

→ 유사 표현 What is your opinion on a vegetarian diet? 채식에 대한 당신의 의견은 뭡니까?

4 Have you ever tried to go on a plant-based diet before?

당신은 이전에 식물 위주의 식단을 시도해 본 적이 있나요?

→ 대답 Yes, I have. I went on a plant-based diet for three months two years ago because I wanted to lose 10 kilograms. It really worked well. I reached my goal.
네, 해 봤어요. 2년 전에 3개월 동안 식물 위주의 식단을 했었죠. 왜냐하면 제가 10kg의 살을 빼고 싶었거든요. 그 식단은 정말 효과가 있었어요. 저는 목표를 달성했어요.

I'm not a big eater.

저는 많이 먹지는 않아요.

You are what you eat(당신이 먹는 것이 곧 당신이다)라는 말이 있죠. 여러분의 식습관(eating habits)은 어떤가요? I'm not a big eater(저는 대식가는 아니에요)는 I'm a small(=light) eater(저는 소식가에요) / I eat like a bird (저는 소식을 해요)와 같은 말입니다.

Dialogue

A : Have you already finished your meal?

B : Yes, I am done. It was really good.

A : Oh, what a small eater you are!

B : I'm not a big eater. I'm trying to lose weight these days.

A : I see. I can't stop eating delicious food.

B : I know what you mean. I used to do that.

A : 벌써 식사 다 했어요?

B : 네, 다 먹었어요. 정말 맛있었어요.

A : 어머, 당신은 정말 소식을 하는군요.

B : 저는 많이 먹지는 않아요. 저는 요즘 살을 빼려고 노력 중이에요.

A : 알았어요. 저는 맛있는 음식을 먹는 걸 멈출 수가 없어요.

B : 무슨 뜻인지 알아요. 저도 그랬었지요.

표현·단어

- **lose weight** 체중을 줄이다, 살을 빼다
- **gain(put on) weight** 체중이 늘다
- **used to + 동사원형**
  ~하곤 했었다(과거의 규칙적인 습관을 말할 때 사용)

Today's Question 식사 습관 eating habits

1 Have you already finished your meal?

벌써 식사 다 했어요?

- finish one's meal : 식사를 마치다(=be done with one's meal 식사를 끝내다)

→ 대답 **Yes, I'm done eating.** 네, 식사 다 했어요.

→ 유사 표현 **Are you done with your meal?** 식사 다 했어요?

2 Are you a small eater or a big eater?

당신은 소식가인가요, 아니면 대식가인가요?

- big eater : 대식가(= eat like a horse : 엄청 먹는다)

→ 대답 **I'm not a big eater, but a light eater.** 저는 대식가는 아니고, 소식가예요.

→ 응용 표현 **Do you want to change your eating habits?** 당신은 식습관을 바꾸고 싶어요?

3 How many meals do you have a day?

하루에 몇 끼의 식사를 하시나요?

- have a meal : 식사를 하다 • breakfast : 아침식사 • lunch : 점심식사 • dinner : 저녁식사

→ 대답 **I often skip breakfast and eat two meals a day.**
저는 아침식사는 자주 거르고 하루에 두 끼를 먹습니다.

4 Intermittent fasting is popular among those who want to lose weight. Have you ever tried it?

간헐적 단식이 체중을 줄이고 싶어 하는 사람들 사이에 인기 있어요. 당신은 시도해 봤어요?

- intermittent fasting : 간헐적 단식

→ 대답 **Yes, I've tried it out. I think it's an effective and maintainable approach for weight loss and diabetes prevention.**
네, 시도해 봤어요. 간헐적 단식은 체중감량과 당뇨예방을 위해 효과적이고 유지할 수 있는 접근방식이라 생각합니다.

I am on a diet now.

저는 지금 다이어트 중이에요.

다이어트(diet)는 영어로 '식사', '식습관', '식이요법'이란 뜻이며, be on a diet(다이어트 중이다) / go on a diet(다이어트를 하다) / diet-conscious(다이어트를 신경 쓰는, 의식하는) 등으로 사용합니다.

Dialogue

A : What would you like for dessert?

B : No dessert for me. Thanks.

A : Why not? They serve excellent selections of desserts here.

B : I'm going to pass on dessert. I'm on a diet now.

A : Oh, when did you start your diet?

B : Last week. As you see, I'm overweight so I'm trying to lose weight.

A : 후식으로 뭐 드실래요?

B : 저는 디저트 됐어요. 고마워요.

A : 왜 안 드세요? 여기는 선택할 수 있는 훌륭한 디저트를 제공해요.

B : 저는 디저트 생략할래요. 지금 다이어트 중이에요.

A : 아, 언제 다이어트를 시작했어요?

B : 지난주요. 보시다시피 제가 과체중이라 살을 빼려고 열심히 노력 중입니다.

표현·단어

- **serve** 제공하다, 차려 주다, 시중들다.
- **pass on dessert** 후식(식사)을 생략하다(= skip dessert : 후식을 거르다)
- **체중 관련 단어**
  underweight 체중미달의
  healthy weight 적정체중
  overweight 과체중의
  obese (의학 용어로서) 비만의 fat 뚱뚱한
  plump 포동포동한 chubby 통통한
  thin 마른 skinny 깡마른 slim 날씬한

Today's Question 다이어트 diet

1 What would you like for dessert?

후식으로 뭐 드실래요?

- What would you like for +명사? : ~을 위해 뭐 드시겠어요? 음식, 음료를 권할 때 자주 쓰는 표현

→ 대답 **I'd like some ice cream, please.** 저는 아이스크림을 좀 먹겠어요.

2 Are you always diet-conscious?

당신은 항상 다이어트에 신경 쓰나요?

- diet-conscious : 다이어트를 의식하는 • health-conscious : 건강을 조심하는
- fashion-conscious : 유행에 민감한 • self-conscious : 자의식이 강한

→ 대답 **Yes, I am. I just want to maintain a slim figure.**
네, 그래요. 저는 그저 날씬한 몸매를 유지하고 싶어요.

3 Have you ever been on a diet to lose weight?

체중을 줄이기 위해 다이어트를 해 본 적이 있습니까?

- lose weight : 체중을 줄이다 ↔ gain weight : 체중이 늘다(= put on weight)

→ 대답 **Certainly, I went on a diet to lose weight last year.**
물론이죠. 저는 작년에 살을 빼기 위해 다이어트를 했어요.

4 What's the secret to losing weight?

체중 감량에 성공한 비결이 무엇일까요?

- What's the secret to 명사/동명사~? : ~에 대한 (성공) 비결은 무엇인가요?

→ 대답 **I think successful dieters are very consistent with their eating habits.**
다이어트에 성공한 사람들은 식습관에 매우 일관성이 있다고 생각해요.

→ 응용 표현 **What's your secret to success?** 당신의 성공 비결은 무엇입니까?

Free Talking Questions 3

자신의 상황에 맞게 자유롭게 질문하고 대답해 보세요.

01. *Have you ever traveled abroad?*

02. *What was the best overseas trip you've ever taken?*

03. *Where do you like to go for your vacation?*

04. *How would you like to spend your holidays this year?*

05. *Are you good at managing time?*

06. *What was the happiest time of your life?*

07. *What's your favorite season?*

08. *How do you keep in good shape?*

09. *What kind of exercise do you like to do?*

10. *Do you make friends easily?*

11. *Where do you usually hang out with your friends?*

12. *What fruits are popular in your country?*

13. *Are you a vegetarian, by any chance?*

14. *Are you a small eater or a big eater?*

15. *Have you ever been on a diet to lose weight?*

1. 해외여행 해 본 적 있어요?
2. 지금까지 최고의 해외여행은 무엇이었어요?
3. 어디로 휴가 가는 걸 좋아해요?
4. 올해는 휴가를 어떻게 보내고 싶어요?
5. 당신은 시간 관리를 잘하나요?
6. 인생에서 가장 행복한 시간은 언제였어요?
7. 가장 좋아하는 계절이 뭐예요?
8. 당신은 어떻게 좋은 몸매를 유지하나요?
9. 어떤 운동하는 것을 좋아해요?
10. 당신은 친구를 쉽게 사귀나요?
11. 주로 친구들과 어디에서 어울려요?
12. 당신의 나라에서는 어떤 과일이 인기 있나요?
13. 당신은 혹시 채식주의자인가요?
14. 당신은 소식가인가요, 아니면 대식가인가요?
15. 당신은 체중을 줄이기 위해 다이어트를 해 본 적이 있나요?

Please write down the best trip in your life.

당신 인생에 있어 최고의 여행에 대해 적어 보세요.

I need to brush up on my English.

난 영어공부를 다시 해야 해.

영어를 잘했었는데 한동안 쓰지 않아 다시 갈고 닦아야 할 때는 I need to brush up on my English(난 영어공부를 다시 해야 해)라고 합니다. brush up on something은 직역하면 '솔질하다', '나타나게 하다'인데, 즉 녹슬거나 부족한 실력을 '갈고 닦다', '복습하다', '향상시키다', '실력을 되살리다'라는 뜻입니다.

Dialogue

A : Hey, what are you studying so hard?

B : I'm studying English now because I'm going to America next month.

A : I'm jealous of you. You're a good speaker of English.

B : I used to be, but I haven't used it for a long time. So, I need to brush up on my English.

A : Don't worry. I'm sure you'll get your English back soon.

B : Do you think so? Thanks. I think I'll try harder.

A : 이봐, 뭘 그렇게 열심히 공부하는 거야?

B : 영어공부하고 있어. 왜냐하면 다음 달에 미국에 갈 거거든.

A : 네가 부럽다. 넌 영어를 잘하잖아.

B : 그랬었지. 하지만 오랫동안 사용하지 않았어. 그래서 난 영어공부를 다시 해야 해.

A : 걱정하지 마. 내가 확신하건데 넌 곧 영어 실력을 되찾을 거야.

B : 그렇게 생각해? 고마워. 더 열심히 해야겠는걸.

표현·단어

- **be jealous of** ~을 부러워하다(= be envious of)
- **used to 동사원형** ~하곤 했었다, ~이었다
- **get~back** ~을 되찾다

Today's Question 영어공부 studying English

1 What are you studying so hard?

뭘 그렇게 열심히 공부하는 거예요?

→ 대답 I'm trying to memorize English words now.
저는 지금 영어단어를 외우려고 노력 중입니다.

2 You have a good command of English. Do you speak English in your country?

영어를 잘 구사하는군요. 당신은 당신 나라에서 영어로 말하나요?

• have a good command of English : 영어를 잘 구사하다(= speak English fluently)

→ 대답 Thanks. We don't speak English in Korea. We speak Korean here.
감사해요. 한국에서는 영어를 말하지 않아요. 여기에서는 한국어를 합니다.

→ 유사 표현 You are a good speaker of English. 당신은 영어를 잘하시는군요.

3 How long have you been studying English?

영어를 공부한 지 얼마나 됐어요?

• How long have you been ~ing~? : ~한 지 얼마나 오래됐어요?

→ 대답 I've been studying it for about two years.
영어를 공부한 지 2년쯤 되었어요.

→ 유사 표현 How many years have you studied English? 몇 년 동안 영어를 공부했어요?

4 How did you study English? Have you ever studied English abroad?

당신은 영어 공부를 어떻게 했어요? 해외에서 영어를 공부한 적이 있나요?

• study abroad : 해외에서 공부하다 • live abroad : 외국에 살다 • travel abroad : 해외 여행하다

→ 대답 I've never studied abroad. I attended English classes at a language academy for about two years. I also practiced speaking and listening hard almost everyday.
저는 외국에서 공부한 적이 없어요. 약 2년 동안 외국어 학원에서 영어수업을 들었어요. 그리고 거의 매일 말하기와 듣기를 열심히 연습했어요.

I am good with money.

저는 돈 관리를 잘해요.

be good with something(someone)은 '~을 잘 다루다(= be skilled with)', '관리를 잘하다'라는 뜻입니다. 예를 들면 I'm good with money (computers / numbers / children)는 '저는 돈 관리 잘해요 / 컴퓨터를 잘 다뤄요 / 숫자에 밝아요 / 아이들을 잘 다뤄요'라는 뜻입니다.

Dialogue

A : **Honey, let's go out for dinner tonight. I feel like having a steak.**

B : **Well,** We have to tighten our belts until things get better.

A : **Is there anything wrong with your business?**

B : **No, but** the current economy seems to be getting worse and worse.

A : **Oh, I see. Don't worry.** You know I'm really good with money.

B : We should save for a rainy day.

A : 자기야, 우리 오늘밤 저녁 외식합시다.
저는 스테이크가 먹고 싶어요.

B : 글쎄, 상황이 좋아질 때까지 우리는 허리띠를 졸라매야 해.

A : 당신 사업에 무슨 문제라도 있나요?

B : 아니, 하지만 현재 경제가 점점 더 악화되는 것 같아.

A : 오, 그렇군요. 걱정 마세요. 내가 돈 관리 잘하는 것 알잖아요.

B : 우리는 어려운 때를 대비해서 절약해야 해.

표현·단어

- **feel like ~ing** ~하고 싶은 기분이다, ~을 하고 싶다(= want to + 동사원형).
- **tighten one's belt** 허리띠를 졸라매다, 어려움을 참고 견디다
- **get better** 나아지다, 좋아지다.
- **get worse and worse** 점점 더 나빠지다.

Today's Question 돈 money

1 Are you good with money?
당신은 돈 관리를 잘하나요?

- 'be good with + 명사'와 'be good at +명사(혹은 동명사)'를 구별해서 사용하세요. be good at 뒤에 동작이나 행동을 나타내는 명사 및 동명사가 오면 '~에 능숙하다', '~을 잘하다', '~에 전문가다'라는 뜻입니다. 예를 들면 I'm good at cooking(저는 요리를 잘해요)처럼 사용합니다.

→ 대답 **No, I'm not really good with money.** 아니요, 저는 돈 관리 잘 못해요.

2 Have you ever made good money?
돈을 많이 벌어 본 적이 있어요?

- good money : 상당한 돈, 많은 양의 돈(여기에서 good은 '수량이 상당한', '수량이 꽤 많은'이라는 뜻)

→ 대답 **Yes, about five years ago I started my own business, and I made a lot of money at that time** 네, 5년 전쯤에 사업을 시작했는데, 그때 돈을 많이 벌었죠.

3 Do you save money for a rainy day?
어려운 때를 대비해서 돈을 모으나요?

- save money for a rainy day : 어려운 때를 대비해 돈을 모으다 • spend money : 돈을 쓰다

→ 대답 **Yes, of course. I save money especially for life after retirement.**
네, 물론이죠. 저는 특히 퇴직 후의 삶을 위해 돈을 모으고 있어요.

4 Do you agree with the saying that money buys happiness?
당신은 돈으로 행복을 살 수 있다는 말에 동의해요?

- agree with :~에 동의하다 • saying : 속담, 격언 (=proverb)

→ 대답 **Well, I don't agree with that. Money is necessary for a happy life, but money isn't everything. Money can't buy happiness or peace of mind.**
음, 동의하지 않아요. 돈이 행복한 삶에 필요하지만, 돈이 전부는 아니잖아요. 돈으로 행복과 마음의 평화를 살 수는 없어요.

Their songs are really catchy.

그들의 노래는 정말 중독성 있어.

어떤 노래나 음악이 '귀에 쏙쏙 들어오며 기억하기 쉬운, 귀에 착착 감기는' 느낌을 영어로 표현할 때는 catchy(형용사)를 씁니다. Their songs are really catchy(그들의 노래 정말 중독성 있어)라는 말입니다. 저는 요즘 방탄소년단 음악에 빠져 있습니다(I'm into BTS's music these days).

Dialogue

A : Hey, what are you listening to?

B : BTS's new album. Their songs are really catchy.

A : You must be a huge fan of the Bangtan Boys.

B : You got it. I'm really into their music these days.
I'm thinking of joining the BTS Fan Club, ARMY.

A : That's great. What's your favorite song?

B : My favorite is Fake Love. The music video is amazing.

A : 이봐, 무엇을 듣고 있는 거야?

B : 방탄소년단 새 앨범. 그들의 노래는 정말 중독성 있어.

A : 너 방탄소년단의 열렬한 팬이구나.

B : 맞아. 내가 요즘 그들의 음악에 푹 빠져 있어.
난 방탄소년단 팬클럽 아미(ARMY)에 가입할까 생각 중이야.

A : 멋지다. 네가 가장 좋아하는 노래는 뭐야?

B : 내가 제일 좋아하는 것은 FAKE LOVE야. 뮤직비디오는 대단해.

표현·단어

- **I'm a huge(big) fan of~** 난 ~의 열광 팬(광팬)이다, ~을 엄청 좋아하다.
- **be into something** ~에 관심이 많다, 좋아하다, 푹 빠져 있다(= be crazy about).

Today's Question 음악 music

1 What are you listening to?
무엇을 듣고 있는 거예요?

• listen to music : 음악을 듣다 • dance to music : 음악에 맞춰 춤추다

➜ 대답 **I'm listening to pop songs. I love pop music.**
팝송을 듣고 있어요. 저는 팝음악을 엄청 좋아해요.

➜ 응용 표현 **Do you like to listen to music?** 음악 듣기를 좋아해요?

2 What's your favorite song?
가장 좋아하는 노래는 뭐예요?

➜ 대답 **My favorite song is Endless Love sung by Diana Ross & Lionel Richie.**
제가 가장 좋아는 노래는 다이애나 로스와 라이오넬 리치가 부르는 끝없는 사랑입니다.

3 What kind of music do you like?
어떤 종류의 음악을 좋아해요?

• Music genres(음악 장르) 관련 : Blues(블루스 : 아프리카 흑인들이 부르던 민요로 구슬픈 느낌), Jazz(재즈), Rock(로큰롤), R&B(리듬앤 블루스), Folk(포크 : 미국 민요로 통기타 음악), Ballad(발라드 : 느린 템포이며 감성적 음악), Reggae(레게 : 자메이카 민속음악), Hip-hop(힙합 : 흑인대중가요), Soul(찬송가 : 가스펠의 기초), Pop(팝 : 대중가요)

➜ 대답 **I like K-pop very much. How about you?**
저는 K-pop을 좋아해요. 당신은요?

4 Do you think some music has healing powers?
당신은 어떤 음악은 치유 효과가 있다고 생각하세요?

• healing power : 치유의 힘 • peace of mind : 마음의 평화

➜ 대답 **Certainly, good music gives us strength of healing, hope, and peace of mind.**
물론이죠. 좋은 음악은 우리에게 치유의 힘과 희망, 마음의 평온을 주기도 합니다.

I'm a big fan of movies.

저는 영화광이에요.

영화(movie / film / motion picture)를 좋아하여 자주 보러 다니는 사람을 movie buff(fan)(영화광), movie goer(영화 관람자)라고 하며, enthusiast(애호가)를 써서 film enthusiast라고도 합니다. '저는 영화를 엄청 좋아해요'는 I'm a big fan of movies라고 합니다.

Dialogue

A : What are you going to do this weekend?

B : Well, nothing special. Why?

A : I'm thinking of going to a movie. Will you join me?

B : Is there any movie you want to see?

A : Have you seen the movie, <Parasite>? I watched the trailer on TV, and it seemed really interesting.

B : I've already seen it. You know I'm a big fan of movies.

A : 이번 주말에 뭐 할 예정이니?

B : 글쎄, 특별한 일은 없어, 왜?

A : 난 영화나 한편 보러 갈까 생각 중이야. 나랑 함께 갈래?

B : 네가 보고 싶은 영화라도 있니?

A : 영화 〈기생충〉 봤니? 내가 TV에서 예고편을 봤는데, 정말 재미있을 것 같았어.

B : 난 벌써 그 영화 봤지. 내가 영화광이라는 걸 너도 알잖아.

표현·단어

- **be going to + 동사원형** ~할 예정이다.
- **parasite** 기생충
- **trailer** 영화 예고편(= preview)

Today's Question 영화 movies

1 What are you going to do this weekend?

이번 주말에 뭐 할 거예요?

- '영화를 보다'는 watch(see) a movie이며 '영화를 보러 가다'는 go to a movie / go to the movies / go to the movie theater입니다.

→ 대답 **I'm going to see a movie at the cinema this weekend. I'm a movie buff.**
이번 주말에 영화관에서 영화 볼 예정이에요. 저는 영화광이에요.

2 What kind of movies do you like?

어떤 종류의 영화를 좋아해요?

- Movie genres(영화 장르) 관련 : Action(액션), Animated(애니메이션), Comedy(코미디), Drama(드라마), Documentary(다큐), Historical(역사), Horror(호러), Indie(인디, 독립영화), Thriller(스릴러), Science fiction(공상과학소설), Romance(로맨스), rom-com(로맨스 코미디), fantasy(공상) 등

→ 대답 **I like Romantic Comedies. How about you?**
저는 로맨틱 코미디를 좋아해요. 당신은요?

3 Have you seen any good movies lately?

최근에 재미있게 본 영화 있어요?

→ 대답 **Yes, I saw a Korean movie, 〈The Insider〉. It was a sleeper hit.**
네, 한국영화 〈내부자들〉을 봤어요. 그 영화는 예상치 못한 흥행작이었어요.

4 What is the most popular movie in the theater now?

현재 영화관에서 가장 인기 있는 영화는 무엇입니까?

→ 대답 **The movie 〈Parasite〉 is a big hit now.** 영화 〈기생충〉이 대흥행이에요.

→ 응용 표현 **What was it about?** 그것은 무엇에 관한 내용이었어요?

I'm looking forward to the party.

파티가 기대되네요.

파티에 초대받고 그 파티가 기대된다고 말할 때는 I'm looking forward to the party라 하는데, look forward to + 명사(혹은 동명사)는 '~을 학수고대하다', '즐거운 마음으로 기다리다'라는 뜻입니다.

Dialogue

A : Will you come to my place for dinner this Saturday?

B : Great. You know I love parties. What's the occasion?

A : I moved to a new house last week. So I'm going to throw a housewarming party.

B : That's wonderful. Are you going to invite Jack to the party?

A : No, he is such a wet blanket.

B : You're telling me. I'm looking forward to the party.

A : 이번 토요일에 저희 집으로 저녁식사 하러 오실래요?

B : 좋지요. 제가 파티 좋아하는 것 아시잖아요. 무슨 날인가요?

A : 제가 지난주에 새 집으로 이사를 했어요. 그래서 집들이를 할 예정이에요.

B : 멋지군요. 잭(Jack)을 파티에 초대할 예정인가요?

A : 아니요, 그는 분위기 깨는 사람이이에요.

B : 내말이 그 말이에요. 그 파티가 기대되네요.

표현·단어

- **invite 사람 to + 장소** ~를 ~에 초대하다.
- **occasion** 때, 경우, 행사
- **housewarming** 집들이
- **You're telling me** 그 말이 내 말이다 / 맞는 말이다

Today's Question 파티 party

1 Will you come to my place for dinner this Saturday?

이번 토요일에 저희집으로 저녁식사하러 오실래요?

→ 대답 **Oh, thank you. I'd love to. What time shall I come?**
오, 고마워요. 그러고 싶어요. 몇 시에 갈까요?

2 Do you like to go to parties?

파티 가는 것을 좋아합니까?

- 파티를 무척 좋아하는 사람을 party animal / party-goer, 파티분위기를 띠우는 사람을 the life of the party, 파티에서 흥을 깨는 사람을 wet blanket(젖은 담요) / spoilsport / party pooper라고 합니다. Don't be such a spoilsport(wet blanket)은 '흥을 깨지 마라'라는 뜻입니다.

→ 대답 **Yes, I love parties. I'm a party-goer.** 네. 파티 참 좋아해요. 전 파티를 즐기죠.

3 Do you ever throw a party?

당신은 파티를 열기도 하나요?

- '파티를 열다'는 영어로 open a party가 아니라 throw(have / hold) a party라고 합니다.

→ 대답 **Yes, I sometimes throw a dinner party at my house on the weekends.**
네, 저는 때때로 주말에 집에서 저녁 파티를 합니다.

4 What kind of parties do you have with your family in America?

미국에서는 가족과 주로 어떤 종류의 파티를 하세요?

- party(파티) 종류 : potluck(포트락: 각자 먹을 음식을 가져와 나눠먹는 파티), baby shower(베이비 샤워 : 출산 전 산모와 아기를 위해 열어 주는 파티), farewell(year-end) party(송별회), welcoming party(환영회), housewarming(집들이), retirement party(퇴직파티)

→ 대답 **We have a birthday party, a family dinner party, New Year's party, and so on.**
우리는 생일파티, 가족 디너파티, 신년파티 등을 해요.

Have you worked out at a gym?

헬스장에서 운동해 봤어요?

우리 흔히 말하는 '헬스장'을 영어로 gym / fitness center / fitness club이라고 합니다. fitness는 '건강', '몸매관리'라는 뜻이고, '헬스장에서 운동하다'는 work out at a gym이라고 합니다.

Dialogue

A : Hello, Welcome to the Lemon Gym. How can I help you?

B : I'd like to sign up for a membership here.
How much is the monthly membership?

A : It's $100 per month, but if you register for 3 months we give you a 20% discount.

B : Oh, I see. How late are you open?

A : We're open 24 hours. Have you worked out at a gym before?

B : No, I haven't. So, I'd like to request a personal trainer.

A : 안녕하세요. 레몬짐에 오신 걸 환영합니다. 어떻게 도와드릴까요?
B : 여기 회원으로 등록하고 싶습니다. 월 회비가 얼마입니까?
A : 월 100달러입니다. 하지만 3개월을 등록하면 20% 할인해 드립니다.
B : 아, 그렇군요. 몇 시까지 영업합니까?
A : 저희는 24시간 영업합니다. 전에 헬스장에서 운동해 보셨나요?
B : 아니요, 그래서 저는 개인 트레이너에게 훈련을 받고 싶어요.

표현·단어

- **sign up for** (수업 / 과목 /학교)에 등록하다, 신청하다, 접수하다(= register / enroll).
- **monthly membership** 월 회비
- **give someone a discount** 할인해 주다.
- **request** 요구하다, 요청하다
- **personal trainer** 개인 트레이너(PT)

Today's Question 헬스장에서 at a gym

1 Have you worked out at a gym before?
전에 헬스장에서 운동해 봤어요?

• work out은 '운동하다'라는 뜻으로 같은 의미로 do exercise가 있습니다. 주로 '헬스장에서 운동하다'라는 뜻입니다. • hit the gym : 헬스장에 다니다(= go to the gym)

➜ 대답 **Certainly. I work out at a gym three times a week. I usually do weight training to build my muscle.**
그럼요. 저는 주 3회씩 규칙적으로 헬스장에서 운동해요. 보통 근육을 키우기 위해 근력운동을 합니다.

2 Do you run on the treadmill at a gym?
헬스장에서는 러닝머신에서 달리기하나요?

• running machine(러닝머신)은 콩글리시이고, 미국인들은 treadmill(트레드밀)이라고 합니다.

➜ 대답 **Sometimes I do. But, I like to ride the exercise bike more.**
때로는 그렇게 합니다. 하지만 자전거 운동기구 타는 걸 더 좋아해요.

3 How many push-ups can you do?
팔굽혀펴기 몇 개나 할 수 있어요?

• push-ups : 팔굽혀펴기 • sit-ups : 윗몸 일으키기 • chin-ups : 턱걸이 • squats : 쪼그려 앉기

➜ 대답 **I can do 30 push-ups and 50 sit-ups at a time. What about you?**
저는 한 번에 팔굽혀펴기 30개와 윗몸일으키기 50개를 할 수 있어요. 당신은요?

4 What kind of exercise is good for getting rid of my belly fat?
뱃살 빼기에 어떤 운동이 좋을까요?

• get rid of : ~을 없애다 • be good for : ~에 좋다 • belly fat: 뱃살, 복부지방

➜ 대답 **I think you should do cardio exercise to burn calories first. Running is the best way to burn calories.** 우선 열량을 소모시키기 위해서 유산소 운동을 해야 한다고 생각해요. 달리기가 열량 소모에 가장 좋은 방법입니다.

➜ 응용 표현 **What is the best way to lose weight?** 살을 빼는 가장 좋은 방법은 뭘까요?

Better safe than sorry.

후회하는 것보다 조심하는 게 낫다.

Better safe than sorry는 sorry(후회하는) 것보다 safe(안전한) 게 낫다는 뜻으로 '유비무환'과 같은 말입니다. sorry는 '미안한, 유감스런, 후회하는' 등 세 가지 뜻으로 자주 쓰입니다. 예문으로 You'll be sorry for this.(너 이것에 대해 후회하게 될 거야)가 있습니다.

Dialogue

A : Hey, take your umbrella with you, just in case.

B : Mom, it's not raining outside now.

A : It looks like rain today. Better safe than sorry.

B : Right. I forgot to bring an umbrella with me last week and I got caught in a shower on my way home after school.

A : I told you then, too. You didn't listen to me.

B : Yup, I was sorry that I didn't listen to you.

A : 얘야, 우산 가져가라. 만일을 대비해서.

B : 엄마, 지금 밖에 비가 내리지 않아요.

A : 오늘 비가 올 것 같구나. 후회하는 것보다 조심하는 게 더 낫단다.

B : 맞아요. 지난주에 우산 가져가는 걸 잊어버려서, 방과 후 집에 오는 길에 소나기 맞았죠.

A : 그때도 내가 너한테 말했었지. 네가 내 말을 듣지 않았지.

B : 넵, 엄마 말 듣지 않은 것을 후회했어요.

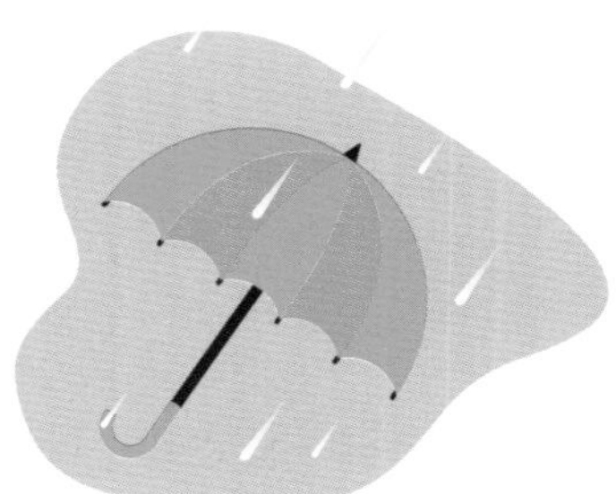

표현·단어

- just in case 만일을 대비해서, 혹시 모르니까
- get caught in a shower 소나기 맞다

Today's Question 후회 regrets

1 Do you have any regrets in life?

당신은 인생에 후회하는 일이 있나요?

• regrets : (명사)후회스러운 일, 후회 • be filled with : ~로 가득 차 있다

→ 대답 Yes, my life is filled with regrets.
네, 제 인생은 후회로 가득 차 있어요.

2 What do you regret the most in life?

인생에서 가장 후회하는 것이 무엇입니까?

→ 대답 I regret that I didn't enjoy my life in my younger years.
젊은 시절에 제 인생을 즐기지 않은 것을 후회하고 있어요.

→ 유사 표현 What is your greatest regret? 당신이 가장 후회하는 것은 무엇인가요?

3 Is there anything that you're deeply regretful for in your life?

인생에서 당신이 깊이 후회하고 있는 것이 있나요?

• be regretful for : ~을 후회하고 있다, 유감스럽게 생각하고 있다

→ 대답 Yes, there is. I am deeply regretful for my bad habits such as smoking and overeating when I was young. I didn't take care of myself.
네, 있지요. 젊었을 때 했던 흡연, 과식 같은 나쁜 습관에 대해 깊이 후회하고 있어요. 저는 자신을 돌보지 않았어요.

4 What is the most regrettable mistake in your life?

당신 인생에서 가장 후회스러운 실수가 뭡니까?

• regrettable : 후회스러운, 유감스러운 • mistake : 실수

→ 대답 After graduating from college, I had a chance to go to America to study, but I didn't go. It was extremely regrettable.
대학졸업 후 제가 미국에 공부하러 갈 기회가 있었지만 가지 않았어요. 그것이 가장 후회스럽습니다.

Old habits die hard.

오래된 버릇은 고치기 어렵죠.

Old habits die hard에서 'die hard'는 '여간해서 죽지 않다', '쉽게 사라지지 않다'라는 뜻으로 한국말로 하면 '제 버릇 남 못 준다', '세 살 버릇 여든까지 간다'라는 뜻입니다. 습관(habit)이 곧 인생(life)이라죠.

Dialogue

A : Please fasten your seatbelt.

B : Okay, I will. I have a habit of not wearing a seatbelt.

A : I also have a bad habit of skipping breakfast.

B : Old habits die hard.

A : You can say that again. It's not easy to break a bad habit.

B : What are your good habits?

A : 좌석 벨트 매 주세요.

B : 네, 그럴게요. 저는 안전벨트를 매지 않는 습관이 있어요.

A : 저 또한 아침식사 거르는 나쁜 습관을 가지고 있어요.

B : 오래된 버릇은 고치기 어렵죠.

A : 맞는 말씀이에요. 나쁜 습관을 없애는 것은 쉽지 않아요.

B : 당신의 좋은 습관은 무엇인가요?

표현·단어

- fasten one's seatbelt 좌석벨트를 매다
- unfasten the seatbelt 좌석벨트를 풀다
- skip breakfast 아침식사를 거르다
- break a habit 습관을 깨트리다, 습관을 버리다

Today's Question 습관 habit

1 Do you have any bad habits?

나쁜 습관이 있나요?

• have a habit of ~ing : ~하는 습관을 가지고 있다

→ 대답 Yes, I have bad habits of overeating, drinking, and smoking.
네, 저는 과식, 음주, 그리고 흡연하는 나쁜 습관이 있어요.

2 What are your good habits?

당신의 좋은 습관은 뭐예요?

→ 대답 My good habits are positive thinking, working hard, and smiling all the time.
저의 좋은 습관은 긍정적인 사고, 열심히 일하기, 그리고 항상 미소 짓는 것입니다.

→ 응용 표현 What are the bad habits that make you unhealthy?
당신을 건강하지 않게 만드는 나쁜 습관은 무엇일까요?

3 Do you think it's very hard to give up bad habits?

나쁜 습관을 버리는 것이 아주 힘들다고 생각하세요?

• give up : ~ 포기하다, 을 버리다(= get rid of : ~을 없애다 / abandon : ~을 버리다)

→ 대답 Yes, I think so. It's really difficult for me to abandon bad habits.
네, 그렇게 생각해요. 저도 나쁜 습관을 버리는 것이 정말 어려워요.

4 What do you need to do everyday to make a habit of happiness?

행복을 습관화하기 위해 매일 무엇을 해야 할까요?

• make a habit of~ : ~을 습관화하다

→ 대답 I think I should tell my brain that all my experiences make me happy.
저의 모든 경험들이 저를 행복하게 하는 거라고 머리에 새겨야 한다고 생각해요.

I'm on cloud nine today.

나 오늘 기분 너무 좋아.

굉장히 기분이 좋고 들떠 있을 때 영어로 on cloud nine(아홉 번째 구름 위에 있는)이라 하는데, 이는 '행복이나 기쁨의 절정'이라는 뜻입니다. 이 말은 미국기상학자들이 구름의 유형을 9가지로 분류했는데, 가장 높은 구름을 cloud nine이라 부른 것에서 유래됐답니다.

Dialogue

A : Hey, Why are you so happy today?

B : My father finally allowed me to go abroad to study in the U.S.A.

A : Oh, good for you! You must be really excited.

B : Absolutely, I'm on cloud nine today.
I've always wanted to do that.

A : I am so jealous of you.
I guess you feel like a million dollars right now.

B : You got it. My dream is coming true.

A : 이봐, 너 오늘 왜 그렇게 행복한 거니?
B : 아버지가 드디어 내가 미국에 유학 가는 걸 허락했어.
A : 오, 잘됐구나. 너 정말 신나겠다.
B : 그렇고말고. 나 오늘 기분 너무 좋아. 내가 항상 미국에 가고 싶어 했잖아.
A : 네가 참 부럽구나. 너 지금 기분 최고겠다.
B : 맞아. 나의 꿈이 실현되고 있어.

표현·단어

- go abroad to study 유학하다, 유학 가다
- Good for you 잘됐다, 잘 생각했다
- be jealous of ~을 부러워하다, ~을 시기하다
- come true 실현되다, 사실이 되다(= realize / fulfill).

Today's Question 행복 happiness

1 Why are you so happy today?

오늘 왜 그렇게 행복한 거예요?

- 행복한 감정을 표현할 때 I am so happy(참 행복하다) / I feel good today(난 오늘 기분 좋다) / I'm walking on air(공중을 걷는 것 같이 기쁘다) / I feel like I'm at the top of the world(난 세상 꼭대기에 올라온 기분이다) / I feel like a million dollars(기분이 끝내줘요) 등의 표현을 씁니다.

➔ 대답 **I got a promotion yesterday.** 저 어제 승진했어요.

2 What makes you happy in your daily life?

일상생활에서 당신을 행복하게 하는 것은 무엇입니까?

- in one's daily life : 일상생활에서

➔ 대답 **Listening to good music and talking with good friends make me happy.**
좋은 음악듣기와 좋은 사람들과 얘기나누기가 저를 행복하게 만들어요.

➔ 응용 표현 **What is the joy of your life these days?** 요즘 어떤 재미로 사시나요?

3 What was the happiest moment in your life?

당신 인생에서 가장 행복했던 순간은 언제였어요?

➔ 대답 **It was in my early 20s when I fell in love with my first love.**
그것은 제가 20대 초반에 첫사랑과 사랑에 빠졌을 때였어요.

4 What is happiness to you?

당신에게 행복이란 무엇입니까?

➔ 대답 **Well, I think happiness is feeling good and having self-satisfaction. And, life's greatest happiness is to be convinced that we are loved.**
글쎄요, 행복은 좋은 느낌이고 자기만족을 하는 것이라 생각해요.
그리고 인생에서 최고의 행복은 우리가 사랑받고 있음을 확신하는 것입니다.

There's no place like home.

집과 같은 곳은 없어요.

영어속담에 Home is home, be it ever so humble(아무리 초라해도 집 같은 곳은 없다)라는 말이 있는데, 'be it ever so humble은 Although it is ever so humble로 '아무리 초라할지라도'라는 뜻입니다. There is no place like home / There is no better place than home은 '집보다 좋은 곳은 없다'라는 뜻입니다.

Dialogue

A : **Welcome back home from a long trip.**

B : **Thanks.** Home is home, be it ever so humble.

A : You bet your life. There is no place like home.

How was your trip to Europe? Did you have fun?

B : **It was the best trip I've ever taken. I had a wonderful time.**

A : How is your jet lag?

A : 긴 여행에서 돌아온 것을 환영합니다.

B : 고마워요. 아무리 초라할지라도 집이 최고이지요.

A : 두말하면 잔소리지요. 집과 같은 곳은 없어요.

유럽 여행은 어땠어요? 재미있었어요?

B : 제가 가 본 여행 중 최고였어요. 즐거운 시간이었어요.

A : 시차 피로는 어때요?

표현·단어

- **You bet your life** 두말하면 잔소리지 / 그렇고말고 / 과연 그렇군요.
- **humble** 초라한, 미천한, 겸손한
- **jet lag** 시차로 인한 피로

Today's Question 집 home

1 Do you live in a house or an apartment?

당신은 주택에 사나요, 아니면 아파트에 사나요?

- 집을 뜻하는 단어로는 house(집, 주택), home(집, 가정), one's place(집), residence(거주지, 주거, 숙소), mansion(대저택), vacation home(별장), country house(전원주택, 시골집), cottage(오두막집) 등이 있습니다.

→ 대답 **I live in an apartment now. I used to live in a house for five years.**
저는 지금 아파트에 살아요. 5년 동안 주택에 살았었죠.

2 What is your dream house?

당신이 꿈꾸는 집은 무엇입니까?

- dream house : 꿈꾸는 집(= ideal home), 살고 싶은 집

→ 대답 **I want to live in a white house with a large garden and a nice view by the lake.**
저는 호수 옆에 넓은 정원이 있는 전망 좋은 하얀 집에 살고 싶어요.

3 Are you satisfied with your house?

당신이 사는 집에 만족하세요?

- be satisfied with : ~에 만족하다(= be content with / be happy with)

→ 대답 **Yes, I'm quite content with my present house although it's not my dream home.**
네, 현재 집에 꽤 만족하고 있어요. 비록 제가 꿈꾸는 집은 아니지만요.

→ 유사 표현 **Are you pleased with your home?** 당신의 집이 마음에 드십니까?

4 What does home mean to you?

당신에게 집은 어떤 의미인가요?

→ 대답 **Home means a shelter to me. It's a resting place of mind.**
집은 제게 쉼터를 의미합니다. 집은 마음의 휴식처입니다.

Free Talking Questions 4

자신의 상황에 맞게 자유롭게 질문하고 대답해 보세요.

01. *Why are you studying English?*

02. *How long have you been studying English?*

03. *Do you save money for a rainy day?*

04. *How much money do you spend a month?*

05. *Do you enjoy listening to music?*

06. *Do you think some music has healing powers?*

07. *Have you seen any good movies lately?*

08. *Do you like to go to parties?*

09. *What kind of parties do you have with your family in your country?*

10. *What do you suggest for weight loss?*

11. *What exercise is good for losing belly fat?*

12. *Do you have any regrets in life?*

13. *What is the most regrettable mistake in your life?*

14. *What do you need to do everyday to make a habit of happiness?*

15. *What was the happiest moment in your life?*

1. 당신은 왜 영어를 공부하고 있나요?
2. 영어를 공부한 지 얼마나 됐어요?
3. 어려운 때를 대비해서 돈을 모으나요?
4. 한 달에 얼마의 돈을 쓰나요?
5. 음악 듣는 걸 즐기시나요?
6. 당신은 음악이 치유의 힘이 있다고 생각하세요?
7. 최근에 재미있게 본 영화 있어요?
8. 파티 가는 것을 좋아합니까?
9. 당신의 나라에서는 가족과 주로 어떤 종류의 파티를 하세요?
10. 체중 감량을 위해 무엇이 좋겠어요?
11. 뱃살 빼기에 무슨 운동이 좋을까요?
12. 당신은 인생에 후회하는 일이 있나요?
13. 당신 인생에서 가장 후회하는 실수가 무엇입니까?
14. 행복의 습관을 만들기 위해 매일 무엇을 해야 할까요?
15. 당신의 인생에서 가장 행복했던 순간은 언제였어요?

Please write about regrets in your life.

당신 인생에서 후회하는 것들에 대해 적어 보세요.

I have no appetite.

입맛이 없어요.

I have no appetite(입맛이 없어요). '식욕', '입맛'을 영어로 appetite, 식욕을 돋아 주는 음식을 appetizer(애피타이저)라고 하죠. '식욕이 좋다'는 have a good appetite라 합니다.

Dialogue

A : I think I have the munchies. I feel like eating a snack.

B : I've got some cookies and chocolate.
Do you want some?

A : Yes. Thank you. I have a sweet tooth.

B : I love sweets, too. I have no appetite these days.

A : Oh, really? I always have a good appetite.
That's a problem for me.

B : I just want to get my appetite back.

A : 저는 좀 출출한 것 같아요. 간식이 먹고 싶어요.
B : 제게 과자와 초콜릿이 좀 있는데요. 좀 줄까요?
A : 네. 고마워요. 저는 단것을 좋아해요.
B : 저도 역시 단것을 무척 좋아해요. 저는 요즘 입맛이 없어요.
A : 오, 그래요? 저는 항상 식욕이 좋아요. 그게 저에겐 문제죠.
B : 저는 그저 식욕을 되찾고 싶을 뿐이에요.

표현·단어

- **have the munchies** 배가 출출하다, 공복감이 있다 (= be a little hungry)
- **feel like ~ing** ~ 하고 싶은 느낌이다, ~을 하고 싶다

Today's Question 식욕 appetite

1 Do you have a sweet tooth?
당신은 단것을 좋아하세요?

• have a sweet tooth : 단 음식을 좋아하다(= like sweets) • sweet : (형)달콤한, (명사)단것

→ 대답 **Yes, I love chocolate and candies.** 네, 저는 초콜릿과 사탕을 아주 좋아해요.

→ 유사 표현 **Do you like sweets?** 단것을 좋아하시나요?

2 Do you have a good appetite these days?
당신은 요즘 식욕이 좋은가요?

• appetite : 식욕 • these days : 요즘

→ 대답 **Yes, I have a good appetite these days.**
네, 저는 요즘 식욕이 왕성해요.

→ 응용 표현 **I have a poor appetite.** 저는 입맛이 없어요.

3 Have you ever lost your appetite?
당신은 식욕을 잃은 적이 있나요?

• lose an appetite : 식욕을 잃다 • come down with the flu : 독감에 걸리다

→ 대답 **Yes, When I came down with the flu last year, I lost my appetite.
I didn't feel like eating anything.**
네, 작년에 독감에 걸렸을 때, 식욕을 잃었어요. 아무것도 먹고 싶지 않았어요.

4 What do you like to eat when you have no appetite?
당신은 식욕이 없을 때 무엇을 먹는 것을 좋아하세요?

→ 대답 **I like to eat spicy food. It stimulates my appetite. What about you?**
저는 매운 음식 먹는 걸 좋아해요. 매운 음식은 식욕을 자극하죠. 당신은요?

→ 응용 표현 **What's your favorite appetizer?** 당신이 가장 좋아하는 애피타이저는 뭐예요?

You don't look well today.

오늘 안색이 안 좋아 보이네요.

well은 부사로 '잘', 형용사로 '건강한'이라는 뜻입니다. 누군가 아파 보일 때는 You don't look well today(오늘 안 좋아 보이네요)라고 합니다. 유사 표현은 You look unhealthy today / You don't look healthy / You look sick today(당신은 오늘 아파 보여요) 등이 있습니다.

Dialogue

A : You don't look well today. Are you sick or something?

B : I'm not feeling well. I have a headache and a fever now.

A : I am afraid you are catching a cold.

B : I am afraid so. I have a sore throat.

A : Why don't you take this afternoon off and go to a doctor?

B : I think I should do that. Thanks for your concern.

A : 오늘 안색이 안 좋아 보여요. 어디 아프기라도 한가요?

B : 몸이 좀 안 좋아요. 지금 두통이 있고 열도 나요.

A : 유감스럽게도 감기 걸린 것 같네요.

B : 유감스럽게도 그런 것 같아요. 저는 목구멍도 아파요.

A : 오늘 오후 조퇴하고 의사에게 가 보는 게 어떨까요?

B : 그래야 할 것 같네요. 걱정해 줘서 고마워요.

표현·단어

- **look + 형용사** ~해 보인다(look well : 건강해 보인다)
- **take time off** 쉬다, 휴가를 내다
- **I am afraid that 주어 + 동사** 유감스럽게도 ~인 것 같다

Today's Question 건강 health

1 Are you sick or something?
어디 아프기라도 한가요?

- or something : 또는 그런 거(= or another similar thing)

→ 대답 **No, I'm not sick. I just feel tired.** 아니요, 아프지 않아요. 그저 피곤하네요.

→ 응용 표현 **Do you think you are healthy?** 당신은 자신이 건강하다고 생각하세요?

2 What do you do for your health?
당신은 건강을 위해서 무엇을 하나요?

- nutritional supplements : 영양제 • nutrition : 영양 • nutrient : 영양소

→ 대답 **I try to eat lots of fruits and vegetables and exercise everyday. I also take nutritional supplements for my health.**
저는 매일 과일과 채소를 많이 먹으려 하고 운동을 합니다. 또한 건강을 위해 영양 보조제를 복용합니다.

3 Have you ever been hospitalized before?
전에 병원에 입원해 본 적이 있어요?

- be hospitalized in : ~병원에 입원하다

→ 대답 **Yes, about two years ago, I was hospitalized for a week, because I had the flu at that time.**
네, 약 2년 전에 일주일 동안 병원에 입원했어요. 왜냐하면 그때 제가 독감에 걸렸거든요.

4 Do you get a regular medical checkup for your health?
당신은 건강을 위해서 정기적으로 건강검진을 받으십니까?

- get a medical checkup : 건강검진을 받다(= have a health examination)

→ 대답 **Yes, I have a medical examination every other year.**
네, 저는 2년에 한 번씩 건강검진을 받습니다.

Don't be a backseat driver.

잔소리꾼이 되지 마세요.

차량 뒤쪽에 앉아서 운전자에게 이래라 저래라 하는 사람은 'backseat driver(잔소리꾼)'라고 합니다. 그런 사람에게 Don't be a backseat driver(잔소리꾼이 되지 마세요)라고 말해 보세요.

Dialogue

A : You're driving too fast. Please slow down.
Keep to the speed limit.

B : Don't worry. I am a good driver. Fasten your seatbelt.

A : I see. Hey, look out! A car is approaching the passenger side.

B : I know, I know. You startled me! Don't be a backseat driver.

A : I'm sorry. I guess I've crossed the line.

B : That's okay. I didn't mean to hurt your feelings.

A : 너무 빨리 운전하네요. 속도 좀 줄이세요. 제한속도를 지키세요.

B : 걱정 말아요. 저는 운전을 잘해요. 좌석벨트를 매 주세요.

A : 알겠어요. 이봐요. 조심해요! 차 한대가 조수석으로 다가오고 있어요.

B : 알아요, 알아요. 깜짝 놀랐잖아요. 잔소리꾼이 되지 마세요.

A : 미안해요. 제가 도가 너무 지나쳤군요.

B : 괜찮아요. 당신 기분을 고의적으로 상하게 하려는 것은 아니었어요.

표현·단어

- slow down 속도를 줄이다 ↔ speed up 속도를 높이다
- speed limit 제한속도
- passenger side 조수석 측
- startle 깜짝 놀라게 하다
- cross the line 선을 넘다, 정도를 넘다

Today's Question 운전 driving

1 Do you keep to the speed limit when you drive?
당신은 운전할 때 제한속도를 지키십니까?

• keep to the speed limit : 제한속도를 지키다(=follow the speed limit)

→ 대답 **Yes, I usually try to do that.** 네, 보통 그렇게 하려고 노력해요.

2 How long have you been driving?
운전한 지 얼마나 되셨어요?

• How long have you been ~ing~? : ~한 지 얼마나 오래되었어요?(현재완료 계속적 용법)

→ 대답 **I've been driving for about 15 years.**
운전한 지는 약 15년 되었네요.

→ 유사 표현 **When did you start driving a car?** 언제 차 운전을 시작했어요?

3 Do you always fasten your seatbelt?
당신은 항상 안전벨트를 착용하나요?

• fasten seatbelt : 안전벨트를 매다(=buckle safety belt : 안전벨트를 착용하다)

→ 대답 **Yes, I always do. You have to fasten your seatbelt while driving in Korea.**
네, 항상 그럽니다. 한국에서 운전 중에는 안전벨트를 매야 합니다.

4 When did you get your driver's license?
당신은 운전면허는 언제 땄어요?

• 교통 운전 관련 용어 : driving(운전), driver(운전자), pull over(차를 세우다), start the engine(시동을 걸다), make a U-turn(유턴하다), sidewalk(인도), crosswalk(횡단보도), one-way(일방통행), traffic sign(교통 표지판), intersection(교차로, 사거리), overpass(육교), stop signal(정지 신호, 빨간불), jaywalk(무단횡단하다), traffic rules(교통 법칙), give way / yield(양보), highway / freeway(고속도로) 등의 단어는 꼭 알아 두세요.

• get a driver's license : 운전면허를 따다 • at the age of : ~의 나이에

→ 대답 **I got my driver's license at the age of 24.**
저는 24살에 운전면허를 땄어요.

What are you up to this weekend?

이번 주말에 뭐 할 거예요?

What are you up to?는 '뭐 할 거야?' 예정을 묻거나 혹은 진행의 뜻으로 '뭐하고 있니?' '무슨 속셈이야?'의 뜻이 있으며, 인사말로 '어떻게 지내?', '뭐하며 지내?'라는 뜻으로도 쓰입니다.

Dialogue

A : Do you have any plans this weekend?

B : No, I haven't made any plans yet.
What are you up to this weekend?

A : I'm going to go on a trip with my family.

B : Sounds great! You must be really excited! Where are you going?

A : Jeju Island. I haven't been there yet.

B : Is that so? Jeju is the perfect place for a weekend trip.

A : 이번 주말에 무슨 계획 있어요?
B : 아니요, 아직 아무 계획도 세우지 않았어요. 당신은 이번 주말에 뭐 할 거예요?
A : 저는 가족과 함께 여행을 갈 예정이에요.
B : 그것 좋겠네요. 당신은 정말 신나겠네요. 어디로 갈 거예요?
A : 제주도요. 아직 그곳에 못 가 봤어요.
B : 그래요? 제주는 주말여행으로 딱 좋은 곳이죠.

표현·단어

- make a plan 계획을 세우다, 계획을 짜다
- excited 신이 난, 들뜬, 흥분된
- It's a perfect place for ~에 딱 좋은 장소이다

Today's Question 주말 계획 weekend plans

1 Do you have any plans this weekend?
이번 주말에 계획 있어요?

→ 대답 No, I don't have any special plans. Why? 아니요, 특별한 계획 없어요. 왜요?

→ 유사 표현 What's your plan for this weekend? 이번 주말 계획이 뭐예요?

2 What are you up to this weekend?
이번 주말에 뭐 할 거예요?

• be thinking of ~ing : ~할까 생각 중이다

→ 대답 I'm thinking of going to a movie with my friends.
친구들과 영화 보러 갈까 생각 중이에요.

→ 유사 표현 What are you doing this weekend? 이번 주말에 뭐 할 거예요?

3 What are you going to do this weekend?
이번 주말에 뭐 할 예정입니까?

• 미래계획이나 예정을 말할 때는 be going to + 동사원형 혹은 be planning to + 동사원형(~할 예정이다)을 자주 씁니다.

→ 대답 I'm going to go on a trip with a friend. 친구와 여행을 갈 예정이에요.

→ 유사 표현 What're you planning to do this weekend? 이번 주말에 뭐 할 계획인가요?

4 What do you usually do on weekends?
주말에 주로 무엇을 하세요?

→ 대답 I usually go hiking or ride a bike with friends.
저는 주로 친구들과 등산을 가거나 자전거를 탑니다.

→ 유사 표현 How do you usually spend your weekends? 주말을 주로 어떻게 보내요?

You have an eye for fashion.

너 패션 감각 있구나.

Clothes make the man(옷이 날개다)이라는 말이 있죠? 패션 감각이 있는 사람에게 You have an eye for fashion(너 패션 감각 있구나)이라고 말해 보세요. have an eye for는 '~에 대한 시안이 있다', '~을 보는 눈이 있다'라는 뜻입니다.

Dialogue

A : You look nice today. Why are you all dressed up?

B : Well, I'm going on a blind date tonight. As you know, I'm alone.

A : Good for you! You really have an eye for fashion.

B : Thanks. Fine clothes make the man.

A : Your jacket looks good on you. You are a good dresser.

B : I like to keep up with the latest fashion.

A : 너 오늘 진짜 멋져 보인다. 왜 그렇게 잘 차려입었니?

B : 음, 나 오늘밤에 소개팅 간다. 너도 알다시피, 내가 혼자잖아.

A : 잘됐구나! 너 정말 패션 감각 있구나.

B : 고마워. 옷이 날개야.

A : 너의 재킷이 너에게 잘 어울려. 넌 참 옷을 잘 입는 사람이야.

B : 난 최신 유행을 따르는 것을 좋아해.

표현·단어

- **look good on** ~에 잘 어울린다(= It suits you : 그것 너에게 잘 어울린다)
- **keep up with** (유행을) 따르다, (시대)에 뒤지지 않다

Today's Question 패션 fashion

1 Why are you all dressed up?

왜 그렇게 잘 차려입었나요?

• be dressed up : 옷을 잘 차려입다. 쭉 빼입다(상태) • get dressed : 옷을 입다(동작)

→ 대답 **I'm going to a party this evening.** 오늘 저녁에 파티에 갑니다.

2 Do you have an eye for fashion?

당신은 패션 감각이 있나요?

• 패션 관련 표현 : It's in fashion now(그게 지금 유행이야) / It's out of fashion(그것은 유행이 지났어요), You are so fashionable / You're very stylish(당신은 참 멋지네요) 등이 있습니다.

→ 대답 **Yes, I do. A lot of people say I am fashionable and stylish.**
네, 그래요. 많은 사람들이 제가 옷 입는 감각이 있고 멋있다고 말해요.

→ 유사 표현 **Do you have a good sense of style?** 넌 패션 감각이 좋니?

3 Are you fashion-conscious?

당신은 유행에 민감한가요?

• fashion-conscious : 유행에 민감한, 패션에 관심 있는 • health-conscious : 건강을 조심하는
• diet-conscious : 다이어트에 신경 쓰는 • self-conscious : 남의 시선을 의식하는

→ 대답 **No, I'm not. I don't follow fashion trends.** 아니요, 저는 패션을 따르지 않아요.

→ 유사 표현 **Are you sensitive to fashion?** 너는 패션에 민감하니?

4 Do you think you are a good dresser?

당신은 자신이 옷을 잘 입는다고 생각하세요?

→ 대답 **No, I don't think so. I don't care much about what I wear.**
아니요, 그렇게 생각하지 않아요. 저는 옷 입는 것에 별로 신경 쓰지 않아요.

→ 응용 표현 **What is your favorite accessory?** 가장 좋아하는 액세서리가 무엇입니까?

I'm so stressed-out.

난 너무 스트레스를 받아요.

stressed-out은 형용사로 '스트레스가 쌓인'이라는 뜻으로 사람 주어를 쓰고, 사물 주어를 쓸 때는 stressful(스트레스가 많은, 스트레스 주는)을 씁니다. 예문으로 I'm so stressed-out these days(저 요즘 너무 스트레스를 받아요) / My job is so stressful(제 직업은 스트레스가 너무 많아요) 등이 있습니다.

Dialogue

A : You don't look happy today. Anything wrong with you?

B : Well, I'm so stressed-out these days. My job is very stressful.

A : Sorry for that. I guess you should find a way to blow off your stress.

B : You read my mind! What do you do to relieve stress?

A : In my case, I go hiking to release stress.

B : That's good. Moderate exercise is a great way to de-stress.

A : 너 오늘 기분이 안 좋아 보인다. 무슨 문제라도 있니?

B : 글쎄, 나 요즘 너무 스트레스를 받고 있어. 내 일이 무척 스트레스를 주네.

A : 안됐구나. 네가 스트레스를 날려 버릴 방법을 찾아야 할 것 같아.

B : 네가 내 마음을 읽는구나. 넌 스트레스를 풀기 위해 무엇을 하니?

A : 내 경우에는, 스트레스를 풀기 위해 하이킹을 가.

B : 그것 좋다. 적절한 운동은 스트레스를 없애는 훌륭한 방법이야.

표현·단어

- **blow off stress** 스트레스를 날려 버리다
- **read one's mind** 마음(생각)을 읽다
- **In my case** 나의 경우에는
- **de-stress** 스트레스를 풀다(= release stress)

Today's Question 스트레스 stress

1 Are you stressed-out these days?
요즘 스트레스를 많이 받나요?

→ 대답 Yes, I'm under a lot of stress nowadays. 네, 요즘 많은 스트레스를 받고 있어요.

→ 응용 표현 Do you get any stress at work or at home? 당신은 직장이나 집에서 스트레스를 받나요?

2 What do you do to relieve stress?
당신은 스트레스를 풀기 위해 무엇을 합니까?

- relieve stress : 스트레스를 풀다(=release stress / get rid of stress : 스트레스를 없애다)

→ 대답 I participate in a lot of social activities in order to relieve my stress.
저는 스트레스를 풀기 위해 많은 사회 활동에 참여합니다.

3 What is stressful for you in your daily life?
일상생활에서 당신에게 스트레스를 주는 것은 무엇입니까?

- daily life : 일상생활 • heavy traffic : 극심한 교통량(=traffic jam 교통체증)

→ 대답 Speaking in front of people and heavy traffic are stressful for me.
사람들 앞에서 얘기하는 것과 교통 혼잡이 저에게는 스트레스예요.

4 How do you usually manage your stress?
주로 어떻게 스트레스를 관리해요?

→ 대답 I exercise regularly every day. 저는 매일 규칙적으로 운동을 해요.

→ 유사 표현 How do you relieve your stress? 당신은 스트레스를 어떻게 풀어요?

→ 응용 표현 What do you do for a change? 기분 전환을 위해 무엇을 합니까?

I am just browsing.

그냥 구경하는 거예요.

browse는 동사로 '(가게에서) 물건을 둘러보다', '(정보를 찾아) 인터넷에서 돌아다니다'라는 뜻입니다. I am just browsing / I'm just looking around(그냥 구경하는 거예요)라는 뜻입니다. 계산할 때 Do you take credit cards?(신용카드 받아요?) / I need a receipt, please(영수증 주세요)라고 합니다.

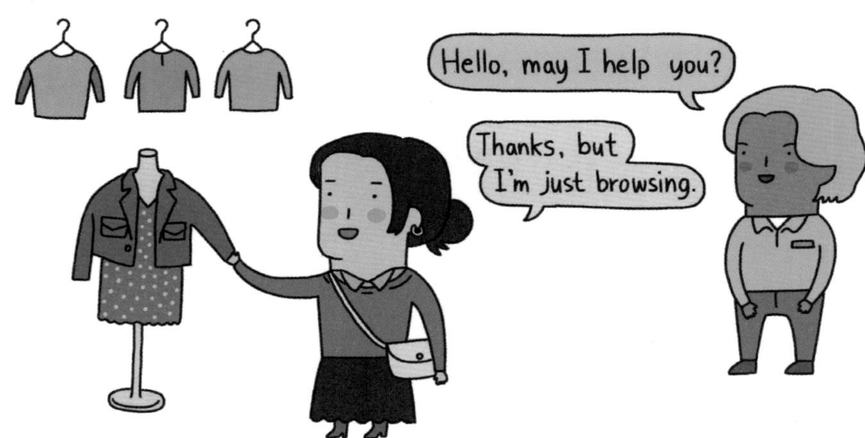

Dialogue

A : Hello, may I help you?

B : Thanks, but I'm just browsing.

A : Alright. If you need any help, please call me.

B : Excuse me, I like that jacket. Can I try it on?

A : Certainly, it's the most popular one nowadays. Please try it on.

B : Thanks. Oh, it fits me perfectly. How much is it?

A : 안녕하세요, 뭘 도와드릴까요?

B : 고맙지만 그냥 구경 좀 할게요.

A : 좋아요. 도움이 필요하면 저를 불러 주세요.

B : 실례지만, 저 재킷 마음에 들어요. 그것 입어 봐도 될까요?

A : 물론이죠, 그게 요즘에 가장 인기 있는 것이에요. 입어 보세요.

B : 감사합니다. 아, 제게 딱 맞네요. 이거 얼마예요?

표현·단어

- **popular** 인기 있는, 대중적인
- **It fits me perfectly** 그것은 나에게 딱 맞는다.

Today's Question 쇼핑 shopping

1 Can I try it on?

그것을 입어 봐도 될까요?

- try on +옷(신발 등) : '입어보다, 신어보다, 걸쳐보다'라는 뜻으로 몸에 걸치는 모든 것에 씁니다. 대명사(it/ them)가 나올 경우 'try 대명사 on'을 씁니다. 쇼핑할 때 자주 쓰는 유용한 표현입니다.

→ 대답 **Of course. Go ahead.** 물론이죠. 그렇게 하세요.

2 Do you like to go window-shopping?

아이쇼핑 가는 것 좋아합니까?

- 흔히 쓰는 아이쇼핑(eye-shopping)은 콩글리시입니다. 정확한 단어는 window-shopping입니다.
- shop around : 가게를 돌아다니다 • look around : 둘러 보다

→ 대답 **Yes, I love it. It's really fun. I like to shop around.**
네, 무척 좋아해요. 쇼핑은 정말 재미있어요. 저는 쇼핑하며 돌아다니는 것을 좋아해요.

3 How often do you go grocery shopping?

얼마나 자주 장을 보러 갑니까?

- go grocery shopping : 장을 보러 가다, 식료품을 사러 가다

→ 대답 **I go shopping for grocery almost every day.** 저는 거의 매일 장을 보러 가요.

→ 응용 표현 **Where do you go shopping for clothes?** 어디로 옷 쇼핑하러 가세요?

4 Do you ever buy anything on impulse?

당신은 충동구매를 하기도 하나요?

- buy something on impulse : 충동구매하다 • pay in installments : 할부로 지불하다

→ 대답 **Yes, sometimes I do. I always regret it after I buy things on impulse.**
네, 때때로 그래요. 저는 물건을 충동구매한 후에는 항상 후회를 합니다.

→ 응용 표현 **Can I pay in installments?** 할부로 지불해도 되나요?

It looks good on you.

그것 너에게 잘 어울린다.

look good on은 '~에게 잘 어울리다'라는 뜻으로 It looks good on you(그것 너한테 잘 어울린다)라는 말입니다. 유사표현은 It compliments you / It suits you well(너에게 잘 어울린다)이 있습니다.

Dialogue

A : Hey, you've got a new jacket!

B : Yeah, I bought it yesterday. What do you think?

A : Oh, it looks good on you.

Your jacket and pants are a good match.

B : Thanks. I just try to dress for the occasion.

A : I think you are a good dresser. I like your style.

B : Are you trying to flatter me?

A : 야, 너 새 재킷 입었구나!

B : 응, 그것 어제 샀어. 어떤 것 같아?

A : 오, 그것 너에게 잘 어울려. 너의 재킷과 바지가 잘 어울리는구나.

B : 고마워, 난 상황에 맞게 옷을 입으려 노력하지.

A : 넌 옷을 참 잘 입는 사람이야. 난 네 스타일이 맘에 들어.

B : 너 나한테 아첨하는 거니?

표현·단어

- **a good match** 잘 어울리는 것
- **dress for the occasion** 상황에 맞는 옷을 입다
- **a good dresser** 옷 잘 입는 사람
- **flatter** 아첨하다, 비행기 태우다

Today's Question 옷 clothes

1 What do you think of my new jacket?
내 새 재킷 어떻게 생각해요?

• look good on : ~에 잘 어울리다

한편 match(~와 어울리다)는 '보통 옷 두 가지가 서로 어울리다'라는 뜻입니다. 예문으로 Your shirt and skirt don't match(너의 셔츠와 치마가 안 어울린다) 등이 있습니다.

→ 대답 **It's really nice. It looks good on you.** 정말 멋져요. 당신한테 잘 어울려요.

→ 응용 표현 **How do you like my new jacket?** 내 새 재킷 어때요?

2 Do you try to dress for the occasion?
당신은 상황에 맞게 옷을 입으려 하나요?

• dress for the occasion : 상황(경우)에 맞게 옷을 입다(= dress to suit the occasion)

→ 대답 **Yes, I try. But, I am not a good dresser.** 네, 노력해요. 하지만 저는 옷을 잘 못 입어요.

3 Do you judge a person by his/her appearance?
당신은 사람을 외모로 판단하나요?

• judge someone by his/her appearance : 외모로 사람을 판단하다

→ 대답 **Well, I try not to judge people by their looks, but it happens unconsciously.**
글쎄요, 저는 사람을 겉모습만 보고 판단하지 않으려 해요. 하지만 무의식적으로 그렇게 돼요.

4 When do you get dressed up?
당신은 언제 옷을 잘 차려입으세요?

• get dressed up : 잘 차려입다, 쭉 빼입다(= dress nicely / dress up : 옷을 갖춰 입다)

→ 대답 **I usually get dressed up when I go to a wedding or a party.**
저는 보통 결혼식이나 파티에 갈 때 옷을 잘 차려입어요.

→ 유사 표현 **Which colors suit you well?** 어떤 색이 당신에게 잘 어울려요?

ch49.mp3

chapter
49

How about eating out today?

오늘 외식하는 것 어때요?

편안하게 제안할 때는 How about~ing?(~하는 게 어때요?) / Why don't we + 동사원형~?(우리 ~하는 게 어떨까요?)을 자주 씁니다. 하지만 Why don't you + 동사원형?(~하는 게 어떻겠어요?)은 상대방에게 '충고나 제안'을 할 때 쓰는 것이니 상황에 맞게 골라 쓰세요.

What do you want to have for dinner?
I feel like eating seafood tonight.

Dialogue

A : It's time for dinner now. I'm getting hungry.

B : So am I. What do you want to have for dinner?

A : I feel like eating seafood tonight.

B : Oh, you do? I love seafood. How about eating out today?

A : That sounds great. Where shall we go for seafood?

B : Why don't we try the newly opened restaurant near here?

A : 이제 저녁 먹을 시간이네요. 저는 배고파지는데요.

B : 저도 그래요. 저녁식사로 뭐 드시고 싶어요?

A : 오늘밤에는 해산물요리를 먹고 싶어요.

B : 오, 그래요? 저도 해산물 요리 참 좋아해요. 오늘은 외식하는 것 어때요?

A : 그것 좋지요. 해산물 먹으러 어디로 갈까요?

B : 우리 이 근처에 새로 개업한 식당으로 가 보는 게 어떨까요?

표현·단어

- **feel like ~ing** ~하고 싶은 기분이다, ~을 하고 싶다(= want to + 동사원형)
- **newly opened** 새로 개업한

Today's Question 제안하기 suggestion

1 What do you want to have for dinner?
저녁식사로 뭐 먹고 싶어요?

• want to +동사원형 : ~을 하고 싶다(= would like to +동사원형)

→ 대답 **I'd like to eat some pizza. How about you?** 피자 먹고 싶어요. 당신은요?

→ 유사 표현 **What would you like for dinner** 저녁으로 뭐 드시겠어요?

2 Will you have lunch with me today?
오늘 저랑 점심식사 할래요?

• 제안할 때 자주 쓰는 표현으로는 Will you + 동사원형~? / Can you + 동사원형~?(~할래요?)이 있습니다. 공손한 표현은 Would you~? / Could you~?(~해 주시겠어요?)이며 가장 공손한 표현으로 '부탁이나 제안을 할 때'는 Would you like to + 동사원형~ please?(~해 주시겠습니까?)를 사용합니다.

→ 대답 **Okay, what will you have for lunch?** 좋아요. 점심으로 뭐 먹을래요?

3 How about noodles for lunch?
점심으로 국수 어때요?

• How about +명사~? : ~은 어때요? • How about ~ing~? : ~하는 게 어때요?

→ 대답 **Noodles would be great. I like noodles a lot.** 국수 좋겠네요. 저는 국수 많이 좋아해요.

→ 응용 표현 **Where shall we go for lunch today** 오늘 점심 먹으러 어디로 갈까요?

4 Why don't you try this food? It's really delicious.
이 음식 좀 드셔 보지 그래요? 정말 맛있어요.

• try + 음식 : 먹어 보다 • have + 음식(음료) : 먹다, 마시다, 드시다

→ 대답 **Oh, thanks. I will. It looks great.**
오, 고마워요. 먹어 볼게요. 맛있어 보이네요.

I am tone-deaf.

저는 음치예요.

'저는 음치예요'의 영어표현은 I am tone-deaf / I can't carry a tune입니다. tone-deaf '귀로 음을 구별할 줄 모르는', '음감이 없는'이라는 뜻이고, carry a tune은 '음을 맞추다', '정확하게 노래하다'라는 뜻입니다.

Dialogue

A : You have a great voice. Are you a good singer?

B : Thanks. I am tone-deaf. When I sing I'm always out of tune, so I don't like singing. How about you?

A : I love singing. I think I have an ear for music.

B : Can you play any musical instruments?

A : Yes, I can play the guitar quite well, and I'm good at singing.

B : I am so jealous of you. I've always wanted to sing well.

A : 당신은 목소리가 참 좋으시네요. 노래를 잘하시나요?

B : 고마워요. 저는 음치예요. 제가 노래하면 저는 항상 음정이 안 맞아요. 그래서 노래하는 걸 싫어해요. 당신은요?

A : 저는 노래 부르는 것을 무척 좋아해요. 저는 음악을 좀 들을 줄 아는 것 같아요.

B : 악기를 연주할 수 있나요?

A : 네, 저는 기타를 잘 쳐요. 그리고 노래를 잘합니다.

B : 당신이 너무 부럽네요. 저는 항상 노래를 잘 부르고 싶었거든요.

표현·단어

- **be out of tune** 음정이 틀리다
- **be jealous of** ~이 부럽다, ~에 질투가 나다

Today's Question 악기 musical instruments

1 Are you a good singer?
당신은 노래를 잘하시나요?

• I am a good 동사 + er : 나는 ~을 잘하는 사람이다(동사 + er : ~하는 사람)

→ 대답 **Yes, I am. Everybody says I sing like a bird.**
네, 잘해요. 모두 제가 새처럼 노래한다고들 말해요.

→ 유사 표현 **Are you good at singing?** 노래 잘하세요?

2 Can you play any musical instruments?
당신은 악기를 연주할 수 있나요?

• play +the 악기명 : ~을 연주하다 • musical instrument : 악기

→ 대답 **Yes, I can play the guitar well. What about you?** 네, 기타 잘 쳐요. 당신은요?

→ 응용 표현 **What kind of musical instruments do you play?** 어떤 악기를 연주하세요?

3 Do you have an ear for music?
당신은 음악을 들을 줄 아세요?

• have an ear for music : 음악을 잘 안다, 음악을 들을 줄 안다, 음악에 조예가 깊다

→ 대답 **No, I don't think so. How about you?** 아니요. 그런 것 같지 않아요. 당신은요?

→ 응용 표현 **Do you have an eye for painting?** 당신은 그림 볼 줄 아세요?

4 Have you ever learned how to play a musical instrument?
당신은 악기 연주하는 법을 배워 본 적 있어요?

• how to + 동사원형 : ~하는 법(how to play a musical instrument : 악기 연주법)

→ 대답 **Yes, I have. When I was a middle school student, I took a piano lesson for a couple of months. It was not easy for me.**
네, 있어요. 제가 중학생이었을 때 저는 2개월 동안 피아노 레슨을 받았어요. 그것은 쉽지가 않았어요.

Free Talking Questions 5

자신의 상황에 맞게 자유롭게 질문하고 대답해 보세요.

01. *Have you ever lost your appetite?*

02. *What do you do for your health?*

03. *Have you ever been hospitalized before?*

04. *Do you think you're a good driver?*

05. *Do you have any plans for this weekend?*

06. *Are you fashion-conscious?*

07. *What is your favorite accessory?*

08. *What is stressful for you in your daily life?*

09. *How do you usually relieve your stress?*

10. *Where do you like to go shopping?*

11. *Do you ever buy anything on impulse?*

12. *Do you try to dress for the occasion?*

13. *Would you like to go to a movie with me tomorrow?*

14. *Can you play any musical instruments?*

15. *Have you ever learned how to play a musical instrument?*

1. 당신은 식욕을 잃은 적이 있습니까?
2. 당신은 건강을 위해서 무엇을 하나요?
3. 전에 병원에 입원해 본 적이 있어요?
4. 자신이 운전을 잘한다고 생각하세요?
5. 이번 주말에 무슨 계획 있어요?
6. 당신은 패션에 민감한가요?
7. 당신이 가장 좋아하는 액세서리가 뭐예요?
8. 일상생활에서 당신에게 스트레스를 주는 것은 무엇입니까?
9. 당신은 보통 스트레스를 어떻게 풀어요?
10. 어디로 쇼핑 가는 걸 좋아하세요?
11. 당신은 충동구매를 하기도 하나요?
12. 당신은 상황에 맞게 옷을 입으려 하나요?
13. 내일 저와 함께 영화 보러 가시겠어요?
14. 당신은 악기를 연주할 수 있나요?
15. 당신은 악기 연주하는 법을 배워 본 적이 있습니까?

Bonus page

아플 때 다양한 증상들 표현하기

01. I am afraid I have a cold. 유감스럽게도 감기에 걸린 것 같아요.
02. I'm afraid I came down with the flu. 유감스럽게도 독감에 걸린 것 같아요.
03. I have a headache. 두통이 있어요.
04. I have a stuffy nose. 코가 막혔어요.
05. I have a serious cough at night. 저는 밤에 기침이 심해요.
06. I have a runny nose. 콧물이 나요.
07. I have a sore throat. 목구멍이 아파요.
08. I have a muscle ache. 근육통이 있어요.
09. I have a chill. 오한이 있어요.
10. I'm aching all over my body. 온몸이 쑤셔요.
11. I have a stomachache. 배가 아파요(복통이 있어요).
12. I think I have an upset stomach. 체한 것 같아요.
13. I have a toothache. 치통이 있어요.
14. I have an earache. 귀가 아파요(= My ear hurts).
15. I have a backache. 허리가 아파요(= My back hurts).
16. I am six months pregnant. 저는 임신 6개월입니다.
17. I have diarrhea. 저는 설사를 합니다(= I have the runs).
18. I have constipation. 저는 변비가 있어요(= I am constipated).
19. I feel nauseated. 속이 메스꺼워요(= I feel nauseous).
20. Are you vomiting? 구토 증세가 있나요?
21. I need some digestive medicine. 소화제가 좀 필요합니다.
22. I got bitten by mosquitos. 모기에 물렸어요(= I got a mosquito bite).
23. My whole body itches. 온몸이 가려워요.
24. Take a deep breath. 숨을 깊이 들이마시세요.
25. Are you allergic to any medicine? 약에 알레르기가 있나요?
26. Do you have any painkillers? 진통제 있습니까?
27. I need a disinfectant(antiseptic). 소독제(약)가 필요해요.
28. I got a bee sting. 벌에 쏘였어요(= I got stung by a bee).
29. I got sunburnt. 햇볕에 탔어요(= I got a serious sunburn : 심하게 화상 입었어요).
30. Did you take a blood test? 혈액 검사를 했나요?
31. I have high(low) blood pressure. 저는 고(저)혈압이 있어요.
32. Do you have diabetes? 당뇨병이 있습니까?
33. I'm suffering from insomnia. 저는 불면증으로 고통스러워요.
34. I'm going through menopause. 저는 갱년기를 겪고 있어요.
35. I have a rash. 두드러기가 났어요(rash : 피부질환 발진, 뾰루지).

I had no choice.

어쩔 수가 없었어.

영어로 '결정(선택)하다'는 make a decision(choice)입니다. '~을 하기로 결정하다'는 decide / determine / make up one's mind to + 동사원형을 씁니다. I had no choice는 '선택의 여지가 없었어'라는 말로, 즉 '어쩔 수 없었어(= I couldn't help it)'라는 말입니다.

Dialogue

A : **Hey, you were absent from school yesterday. What happened?**

B : **Well,** something unexpectedly happened to me. I had no choice.

A : **Was there something wrong with your family?**

B : **Actually, my mother was sick in bed,** so I looked after her all day.

A : **Oh, that's too bad. How is your mother doing now?**

B : **She is getting much better today.** Thanks for your concern.

A : 야, 너 어제 학교에 결석했구나. 무슨 일 있었어?
B : 음, 예상치 못한 일이 내게 생겼어. 어쩔 수 없었어.
A : 너의 가족에게 무슨 일이라도 있었니?
B : 사실은, 엄마가 아파서 누워 계셨어, 그래서 하루 종일 엄마를 돌봤지.
A : 오, 안됐구나. 어머니는 지금 어떠시니?
B : 오늘은 많이 좋아지고 있어. 걱정해 줘서 고마워.

표현·단어

- **be absent from** ~에 결석하다
- **unexpectedly** 예상하지 못하게, 뜻밖에
- **be sick in bed** 아파서 누워 있다
- **look after** ~를 돌보다(=take care of)

Today's Question 선택 및 결정 choice & decision

1 Are you good at making choices?
당신은 선택을 잘하나요?

• be good at : ~을 잘하다, ~에 능숙하다

→ 대답 No, I am not good at it. How about you? 아니요, 잘 못해요. 당신은요?

→ 유사 표현 Do you make good choices? 너는 좋은 선택을 잘하니?

2 What are your New Year's resolutions?
당신의 새해 결심은 무엇입니까?

• resolution : 결심, 결단 • decision : 결정 • determination : 결정, 결의

→ 대답 I've made up my mind to study English hard in the new year.
저는 새해에 영어 공부를 열심히 하기로 마음먹었어요.

→ 유사 표현 What's your plan for the new year? 당신의 새해 계획은 무엇입니까?

3 What was the hardest decision you've ever made?
당신 인생에서 가장 힘들었던 결정은 무엇이었어요?

→ 대답 It was what to major in at college and what kind of job to have in my life.
그것은 대학에서 무엇을 전공할지와 제 인생에서 어떤 직업을 가져야 할지였어요.

4 What is the best choice you've made in your life?
당신의 인생에서 가장 잘한 선택은 무엇인가요?

• **Life is full of choices. Your right choices make your life right**는 '인생은 선택으로 가득 차 있다. 당신의 올바른 선택이 올바른 인생을 만든다.'라는 뜻입니다. 여러분은 오늘 어떤 선택(**choice**)과 어떤 결정(**decision**)을 해야 하나요?

→ 대답 It is my job, teaching. I think teaching is my calling.
그것은 제 직업, 가르치는 일을 선택한 것이에요. 가르치는 일이 제 소명인 것 같아요.

Do you have plans today?

너 오늘 약속 있니?

Do you have plans today?는 '너 오늘 약속 있니?'라는 말이고, Do you have a plan?은 '너 어떤 계획이나 전략 있어?'라는 말입니다. a plan은 '기획', '전략'이라는 뜻이고, plans는 '단순한 약속', '계획'이라는 뜻입니다.

Dialogue

A : Do you have plans today?

B : Yes, I have a tight schedule today. I have a dentist appointment at 10 and a business meeting at 3 p.m.

A : Oh, you are tied up until 3 p.m. Are you free after that?

B : No, I am afraid not. I have to work on my report later. Why?

A : I have something serious to discuss with you.

B : Oh, I see. I'll make some time for you tomorrow. I promise. Okay?

A : 너 오늘 약속 있니?

B : 응, 오늘은 일정이 빡빡해. 10시에 치과 예약과 오후 3시에 업무회의가 있어.

A : 오, 너는 오후 3시까지 꼼짝 못하는구나. 그 이후에는 한가하니?

B : 아니, 유감스럽게도 그렇지 않아. 그 후에는 보고서를 작성해야 해. 왜?

A : 내가 너와 함께 진지하게 의논할 것이 있어.

B : 아, 그렇구나. 내가 내일 너를 위해 시간을 좀 내 볼게. 약속할게. 괜찮지?

표현·단어

- **tight schedule** 꽉 찬 일정, 바쁜 스케줄
- **be tied up** ~에 묶여 있다(I'm tied up with work : 나 일 때문에 꼼짝도 못해)
- **I am afraid not** 유감스럽게도 그렇지 않다 ↔ **I'm afraid so** 유감스럽게도 그렇다

Today's Question 약속·계획 plans

1 Do you have any plans today?

오늘 무슨 약속(계획) 있어요?

- '약속'하면 떠오르는 단어가 promise인 분들은 주목해 주세요! promise는 '뭔가 다짐하며 약속'할 때 쓰는 말이고, '일상적인 약속, 계획'은 plans을 씁니다.

→ 대답 **No, nothing special. Why?** 아니요, 특별한 것 없어요. 왜요?

2 Do you always make an appointment with your doctor in advance?

당신은 항상 미리 의사와 약속을 잡으십니까?

- make an appointment with + 사람 : ~와 약속을 정하다 • in advance : 미리
- 업무로 인한 약속이나 회의'는 meeting, 의사나 변호사 등과 같은 '전문직 사람과의 약속이나 예약'은 appointment, '연인 사이의 만남이나 약속'은 date입니다. lunch date는 단순한 '점심 약속'이라는 뜻입니다.

→ 대답 **Yes, I always do. It's good to make an appointment because it saves time.**
네, 항상 그럽니다. 약속을 하는 것은 시간을 절약하기 때문에 좋아요.

3 Shall we meet for dinner tonight?

오늘밤에 저녁 식사하러 만날까요?

- Shall we 동사원형? : 우리 ~할까요? • meet for : ~을 위해 만나다

→ 대답 **Okay, that would be great.** 좋아요. 그것 멋지겠네요.

4 Where and what time is good for you?

어디에서 몇 시가 당신에게 좋을까요?

- be good for : ~에 좋다(= be convenient for : ~에 편리하다)

→ 대답 **Anytime and anywhere is okay for me. You name it.**
아무 때나 어디든지 저는 좋아요. 당신이 정하세요.

→ 유사 표현 **Where and what time shall we meet?** 어디에서 몇 시에 만날까?

You crack me up.

너 진짜 웃긴다.

엄청 웃겨서 빵빵 터지게 하는 사람에게는 영어로 You crack me up(너 진짜 웃긴다) / You are a funny guy(넌 웃기는 녀석이야)라고 합니다. crack은 동사로 '깨뜨리다', '갈라지다'라는 뜻으로 '몹시 웃기다'라는 말입니다.

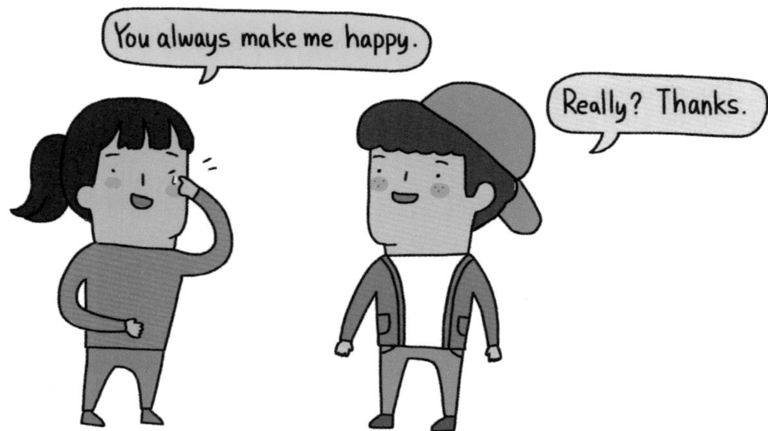

Dialogue

A : It's so nice to be with you. You make me happy.

B : Really? I just enjoy telling jokes. How about you?

A : I have no sense of humor. Sometimes you crack me up.

B : I thought you're kind of funny.

A : Stop kidding! I can't tell jokes. I just laugh easily.

B : There is a saying that laughter brings good luck.

A : 너와 함께 있으면 참 좋아. 넌 나를 행복하게 만들어 줘.

B : 정말? 난 그저 농담하는 게 즐거워. 너는 어때?

A : 난 유머 감각이 없어. 때때로 넌 진짜 웃긴다.

B : 난 네가 웃기는 사람이라 생각했어.

A : 농담 마! 난 우스갯소리를 할 줄 몰라. 난 그저 잘 웃어.

B : 웃으면 복이 온다는 말이 있잖아.

표현·단어

- **It's so nice to + 동사원형** ~하는 게 참 좋다
- **funny** 웃기는, 재미있는
- **laughter** 웃음

Today's Question 유머 humor

1 Do you like to tell jokes?

당신은 농담하는 것 좋아하세요?

- tell jokes : 농담을 하다, 우스갯소리하다
- humor(유머) 관련 단어 : funny(웃기는, 우스운), interesting(흥미로운), hilarious(아주 우스운), amazing(즐거운, 재미있는), entertaining(즐거움을 주는), exciting(신나는, 흥미진진한)

→ 대답 **No, I'm not good at telling jokes.** 아니요. 저는 농담을 잘 못해요.

2 Do you have a good sense of humor?

당신은 유머 감각이 좋은가요?

- 유머 감각을 a sense of humor라 하는데, sense와 관련 표현으로는 a sense of direction(방향 감각, a sense of fashion(패션 감각)이 있어요. You have a good sense of humor(유머감각 좋으시네요).

→ 대답 **No, I don't have a sense of humor, but I kind of laugh easily.**
아니요, 저는 유머 감각은 없지만, 잘 웃는 편이에요.

3 Is there a humorous person in your family?

당신 가족 중에 유머감각이 좋은 사람 있나요?

→ 대답 **Yes, my father is. He always makes me laugh at the table.**
네, 아버지요. 아버지는 식탁에서 저를 항상 웃게 만들어요.

4 How can you improve your sense of humor?

당신은 어떻게 유머 감각을 향상시키십니까?

→ 대답 **I usually pay attention to interesting stories and various comedians. And when I hear a funny joke, I try to share the joke with someone.**
저는 보통 재미있는 이야기와 다양한 코메디언에 집중합니다.
그리고 웃기는 농담을 들으면, 그것을 누군가와 공유합니다.

Can I get this gift-wrapped?

이거 선물용 포장 가능한가요?

가게에서 물건을 구매한 후 선물용으로 포장해 달라고 요청할 때는, gift-wrap(선물용으로 포장하다)이라는 단어를 써서 Can I get this gift-wrapped? / Can you gift-wrap it for me?라고 합니다.

Dialogue

A : How much is it all together?

B : Cash or charge?

A : **Charge.** Do you take Visa card here?

B : Certainly, May I have your ID and credit card?

A : **Here they are.** Can I get this gift-wrapped?

Is there any extra charge for **gift-wrapping?**

B : Gift-wrapping is free of charge. It's 150 dollars all together.

A : 이것 전부 다 해서 얼마입니까?

B : 현금으로 지불하시겠습니까, 카드 결제이십니까?

A : 카드 결제요. 여기 비자카드 받습니까?

B : 그럼요. 신분증과 신용카드를 주시겠어요?

A : 여기 있어요. 이거 선물용으로 포장 가능합니까?

선물용 포장에 추가 요금이 있습니까?

B : 선물 포장은 무료로 해 드립니다. 전부 다 해서 150달러입니다.

표현·단어

- ID는 Identification card (신분증명서)의 줄임말
- extra charge 추가 요금
- free 무료의
- It's free of charge 그것은 무료입니다.

Today's Question 선물 gift

1 Cash or charge?

현금으로 지불하시겠습니까, 카드로 하시겠습니까?

• 쇼핑 후 돈을 지불할 때 cash는 '현금'이고 charge는 '외상으로 달다, 신용카드로 사다'라는 뜻입니다.

→ 대답 **Cash. I'll pay in cash.** 현금이요. 현금으로 지불할게요.

2 What kind of gifts are popular in Korea?

한국에서는 어떤 종류의 선물이 인기 있습니까?

→ 대답 **It depends on the occasion. Money is the most popular gift in Korea. We give money as a gift on special occasions such as weddings and funerals.**
그것은 경우에 따라 달라요. 돈이 한국에서는 가장 대중적인 선물입니다.
우리는 결혼식과 장례식 같은 특별한 경우에 돈을 선물로 줍니다.

3 When do you usually exchange gifts?

주로 언제 선물을 주고받나요?

• gift : (격식을 차린 공식적인 느낌의) 선물 • present : (친한 사이에 호의표시로 주고받는) 선물
• present은 선물 외에도 (명사)현재, (형용사)출석한, (동사)제출하다라는 뜻이 있습니다.

→ 대답 **We exchange gifts on special occasions; birthdays, Parents' Day, New Year's Day, Korean Thanksgiving, Chuseok, graduation day and so on.**
생일날, 어버이날, 새해 날, 추석, 졸업 날 등 특별한 날에 선물을 주고받아요.

4 What is the most unforgettable gift you've ever received in your life?

평생 당신이 받은 것 중에서 가장 잊을 수 없는 선물은 무엇입니까?

• unforgettable : 잊을 수 없는 • receive : 받다(=take / get)

→ 대답 **It's a gold ring that my mother gave me on my high school graduation day.**
그것은 고등학교 졸업 날에 어머니가 저에게 준 금반지예요.

My company went bankrupt.

우리 회사가 파산했어.

회사가 '파산하다', '망하다'는 영어로 go bankrupt / go out of business 등을 써서, My company went bankrupt last week(우리 회사는 지난주에 파산했어요)라 합니다. 난 빈털터리야', '난 파산 했어요'를 영어로 I'm broke now라고 하는데 여기서 broke는 형용사로 '무일푼의(= penniless)'라는 뜻입니다.

Dialogue

A : Hey, buddy. What are you going to do this evening?

B : Nothing special. I'll just be spending time watching TV at home.

A : Then do you want to hang out with me tonight?

B : **Great, but** I'm broke now. My company went bankrupt last week. **So, I am out of job.**

A : **I didn't know that. I'm so sorry.** Dinner is on me today.

B : Thanks. Let's talk over dinner and relieve our stress.

A : 안녕, 친구. 오늘 저녁에 뭐 할 거니?

B : 뭐 특별한 건 없어. 그냥 집에서 TV를 보면서 시간을 보내겠지.

A : 그럼 오늘밤에 나랑 놀래?

B : 좋지만 난 지금 빈털터리야. 우리 회사가 지난주에 파산했어. 그래서 난 실직 상태야.

A : 내가 그걸 몰랐네. 안됐구나. 오늘 저녁은 내가 살게.

B : 고마워. 우리 저녁 먹으면서 얘기하며 스트레스 풀자.

표현·단어

- **be out of job** 실직 상태이다
- **talk over + 음식(음료)** 먹으면서(마시면서) 얘기하다

Today's Question 직장생활 work life

1 Do you want to hang out with me tonight?
오늘밤에 나와 함께 놀래요?

- hang out with : ~와 놀다, 어울리다(=spend time with ~와 시간을 보내다).

→ 대답 **Okay. That sounds nice.** 좋아요. 그것 좋지요.

→ 응용 표현 **How about a drink with me tonight?** 오늘밤 나랑 한잔 어때요?

2 How long have you been working for your company?
당신 회사에서 근무한 지 얼마나 됐어요?

→ 대답 **For about six years.** 약 6년 동안 일했어요.

→ 응용 표현 **Where do you work?** 어디에서 일하세요? / 직장이 어디예요?

3 Which department are you in?
어느 부서에서 일해요?

- department(부서) 관련 단어 : personnel(인사부), general affairs(총무부), planning(기획부), marketing(마케팅부), sales(영업부), sales management(영업 관리부)

→ 대답 **I am in the personnel department.** 저는 인사부에 있어요.

4 Are you satisfied with your work life?
당신은 직장생활에 만족하십니까?

- be satisfied with : ~에 만족하다 • colleague : 동료(= co-worker) • working hours : 근무시간

→ 대답 **Yes, I am. I have good working conditions and colleagues. The working hours are especially great. I work from nine to five.**
네, 만족해요. 근무조건이 좋고 동료들이 좋습니다. 특히 근무 시간이 좋아요. 저는 9시에서 5시까지 일해요.

I am in between jobs.

저는 취업 준비 중이에요.

'구직 중' 혹은 '취업 준비 중'을 영어로 in between jobs라고 하는데, 이는 어떤 일을 하다 그만두고 다른 일을 찾는 중이라 일과 일 사이에 있다는 의미입니다. out of work(job)는 unemployed와 같은 말로 '실직 중'이라는 뜻입니다. 그래서 I'm in between jobs(저는 취업 준비 중이에요)라는 뜻입니다.

Dialogue

A : What did you do after college?

B : I got a job as soon as I graduated from college. How about you?

A : I am in between jobs now. I quit my job last year.

B : How long have been out of work?

A : For about six months. I am getting tired of being unemployed.

B : What kind of work do you want to do?

A : 대학 졸업 후에 무엇을 했어요?

B : 저는 대학 졸업을 하자마자 취업을 했어요. 당신은요?

A : 저는 지금 취업 준비 중이에요. 작년에 직장을 그만뒀어요.

B : 실직한 지는 얼마나 됐어요?

A : 약 6개월이요. 백수로 있는 게 지겨워지고 있어요.

B : 어떤 종류의 일을 하고 싶으세요?

표현·단어

- **graduate from** (학교)를 졸업하다
- **as soon as 주어 + 동사** ~하자마자
- **quit** 그만두다, 관두다
- **get tired of** ~이 지겨워지다, 싫증이 나다

Today's Question 구직 job-hunting

1 What did you do after college?
대학 졸업 후에 무엇을 했어요?

• get a job : 취직하다, 취업하다(=get employed)

→ 대답 **Well, I tried to get a job, but I couldn't find one. I'm still looking for a job now.**
글쎄요, 취업하려고 노력했지만, 취업이 안 됐어요. 지금도 일자리를 찾고 있어요.

2 How long have you been out of work?
실직한 지 얼마나 됐어요?

→ 대답 **For over a year. I really want to work now.** 1년이 넘었어요. 이제 정말 일하고 싶어요.

→ 응용 표현 **What kind of job do you want to get?** 어떤 종류의 직업을 잡고 싶어요?

3 Have you ever lost your job?
당신은 실직해 본 적이 있나요?

• lose a job : 직업을 잃다, 실직하다(= be out of work / be unemployed)

→ 대답 **Yes, I lost my job last year because my company went bankrupt.**
네, 우리 회사가 망해서 작년에 실직했어요.

→ 유사 표현 **Have you ever been unemployed?** 실직상태에 있었던 적이 있나요?

4 Have you ever gotten fired from your job?
당신은 직장에서 해고당한 적이 있나요?

• get fired : 해고당하다(= get dismissed / get sacked)

→ 대답 **Yes, I got fired from my first job a year ago. It's a terrible time in my life.**
네, 저는 1년 전에 첫 직장에서 해고당했어요. 제 인생에서 끔찍한 시간이었어요.

→ 응용 표현 **Have you ever wanted to change jobs?** 당신은 직업을 바꾸고 싶었던 적이 있었나요?

Every Jack has his Jill.

짚신도 짝이 있잖아요.

한국 속담에 '짚신도 짝이 있다'는 말을 영어로 Every Jack has his Jill이라고 합니다. Jack은 영어권나라에서 흔한 남자 이름이고, Jill은 여자 이름입니다. 유사표현은 There's a good match for everyone(누구에게나 맞는 짝이 있다) / There's plenty of fish in the sea(바다에 물고기가 많아)입니다.

Dialogue

A : I heard you went on a blind date yesterday.

B : Yes, I did.

A : How was it?

B : It didn't go well. I always get cold feet before a blind date.

**A : Don't worry. Every Jack has his Jill. Think positively.
You will meet the love of your life someday.**

B : I hope so. I want to meet my soulmate soon.

A : 어제 소개팅에 갔다면서요.

B : 네, 그랬어요.

A : 소개팅은 어땠어요?

B : 잘 안됐어요. 소개팅을 하기 전에 저는 항상 긴장이 되고 떨려요.

A : 걱정 말아요. 짚신도 짝이 있잖아요. 긍정적으로 생각하세요.
언젠가는 평생 사랑할 사람을 만날 겁니다.

B : 저도 그러게 되길 바랍니다. 빨리 영혼의 동반자를 만나고 싶어요.

표현·단어

- **get cold feet**
  긴장하다, 초조해지다, 떨다
- **Think positively**
  긍정적으로 생각해라
- **love of one's life**
  평생 사랑할 사람
- **soulmate** 영혼의 동반자, 인연

Today's Question 소개팅 blind date

1 How was your blind date?
소개팅은 어땠어요?

• blind date : 소개팅 • go on a blind date : 소개팅에 나가다(= have a blind date).

→ 대답 It was much better than I expected. 제가 기대한 것보다 훨씬 좋았어요.

→ 응용 표현 Did you have blind dates in college? 대학 때 소개팅을 했나요?

2 Are you seeing anyone?
누구 만나는 사람 있어요?

→ 대답 No, I've been alone for over a year. 아니요, 혼자 지낸 지 1년이 넘었어요.

→ 유사 표현 Are you dating anyone? /Do you have a boy friend? 사귀는 사람 있어요?

3 What kind of girl(boy) are you interested in?
어떤 여자(남자)가 관심 있어요?

• be interested in : ~에 관심이 있다

→ 대답 I like pretty, smart, and sweet girls. How about you?
저는 예쁘고, 똑똑하고 상냥한 여자를 좋아해요. 당신은요?

→ 유사 표현 What's your ideal type? 당신의 이상형은 무엇입니까?

4 Have you ever had a crush on anyone at first sight?
누군가에게 첫눈에 반한 적이 있었나요?

• have a crush on someone : ~에게 반하다 • at first sight : 첫눈에

→ 대답 Yes, I had a crush on my husband when I met him for the first time.
네, 제가 남편을 처음 만났을 때 그에게 반했어요.

→ 유사 표현 Have you ever fallen in love? 사랑에 빠져 본 적이 있어요?

This is complimentary.

이것은 서비스로 드리는 겁니다.

호텔에서 손님에게 객실 및 식음료를 판매촉진을 위해 무료로 제공하는 것을 영어로 complimentary 라고 합니다. 식당에서 무료로 음식을 주면서 '이것은 서비스입니다'라고 할 때는 This is complimentary / This is free of charge / This is on the house라 합니다.

Dialogue

A : **Excuse me.** This is complimentary. Are you finished?

B : **Thank you. We are done. Will you clear the table?**

A : **Certainly,** What would you like for dessert?

B : **I'd like a slice of chocolate cake, please.**

A : **Alright,** Would you like anything else?

B : **No, thanks. That's all for now.**

A : 실례합니다. 이것은 서비스로 드리는 겁니다. 다 드신 겁니까?

B : 감사합니다. 우리는 다 먹었어요. 식탁 좀 치워 주실래요?

A : 물론이죠. 후식으로 무엇을 드시겠어요?

B : 저는 초콜릿 케이크 한 쪽 주세요.

A : 알겠습니다. 더 필요한 것 있으세요?

B : 아니에요, 고마워요. 지금은 그게 다예요.

표현·단어

- **be finished** ~을 끝내다, ~을 치우다(=be done with)
- **clear the table** 식탁을 치우다, 상을 치우다

Today's Question 외식 eating out

1 What would you like for dessert?
후식으로 무엇을 드시겠어요?

- What would you like~? : 뭐 드시겠어요? • pass on : 생략하다(=skip : 거르다)

→ 대답 **Thanks, but I'm going to pass on dessert.** 고맙지만 디저트는 생략하겠어요.

→ 응용 표현 **What's your favorite dessert?** 당신이 제일 좋아하는 후식은 뭐예요?

2 Do you like to eat out at a restaurant?
식당에서 외식하는 것 좋아해요?

- eat out : 외식하다(=go out for dinner 저녁 외식하다)

→ 대답 **No, not really. I like homemade food more than restaurant food.**
아니요, 별로예요. 저는 식당음식보다 집에서 만든 음식을 더 좋아해요.

3 What do you usually eat when you go out for dinner?
저녁 외식할 때 당신은 주로 무엇을 드세요?

- sliced raw fish : 생선회

→ 대답 **I like to eat sliced raw fish or seafood for dinner.**
저는 저녁으로 회나 해산물 먹는 걸 좋아합니다.

4 What is the best food you've eaten recently?
최근에 먹어 본 것 중에 가장 맛있었던 음식이 뭐예요?

- hit the spot : (맛이) 끝내주다, 더할 나위 없이 좋다

→ 대답 **I went to an Italian restaurant last week and ate spaghetti there.
It really hit the spot.**
지난주에 이태리 레스토랑에 가서 스파게티를 먹었어요. 그것은 정말로 제가 딱 원하던 것이었어요.

That was really impressive.

그것은 정말 인상적이었어요.

자주 쓰는 칭찬표현으로 You did a good job(참 잘했어요) / Thumbs up(잘됐어 / 훌륭해 / 엄지척) / You deserve it(너는 그럴 자격 있어) / That was really impressive(정말 인상적이었어) 등이 있는데, impressive(인상적인, 감명 깊은)는 사물 주어를 사용하고, impressed(감동받은)는 사람 주어를 사용합니다.

Dialogue

A : How did you like my business presentation?

B : Oh, You did a great job! That was really impressive.

A : Thanks for the compliment. I was a little nervous.

B : You didn't look it. You seemed confident.

**A : Really? I'm grateful for your encouragement.
You cheer me up.**

B : You deserve it. It seemed like everyone was impressed.

A : 저의 사업발표는 어땠어요?

B : 오, 훌륭히 잘 해냈어요. 그것은 정말 인상적이었어요.

A : 칭찬해 주셔서 감사합니다. 제가 좀 긴장했었거든요.

B : 그렇게 보이지는 않았어요. 당신은 자신감 있어 보였어요.

A : 정말요? 격려해 주셔서 감사합니다. 당신이 제게 힘을 주는군요.

B : 당신은 그럴 자격이 있어요. 모두들 감명을 받은 것 같았어요.

표현·단어

- **nervous** 긴장한
- **confident** 자신감 있는
- **encouragement** 격려의 말
- **deserve** ~을 누릴 자격이 있다, ~받을 만하다

Today's Question 칭찬 praise

1 How did you like my business presentation?

저의 사업발표는 어땠어요?

- How did you like ~? : ~은 어땠어요? ~마음에 들었어요? ~ 좋았나요?
- business presentation : 비즈니스 프레젠테이션, 사업 설명회, 업무 발표

→ 대답 **It was great. I was really impressed.** 훌륭했어요. 정말 감동받았어요.

2 Do you often compliment people around you?

당신은 주변 사람들을 자주 칭찬하나요?

- compliment : 칭찬을 하다(= speak well of : ~에 대해 칭찬을 하다)

→ 대답 **Yes, I try to compliment people whenever I discover their strengths.**
네, 저는 사람들의 장점을 발견할 때마다 칭찬을 하려고 노력해요.

3 What do you usually praise people for?

주로 무엇에 대해서 사람들을 칭찬하세요?

- '칭찬'을 의미하는 단어로는 praise와 compliment가 있는데. 둘 다 명사형, 동사형으로 쓰입니다. 예문으로 Thank you for your compliment(칭찬해 주셔서 감사합니다) 등이 있습니다.

→ 대답 **I usually praise people for their appearance and attitude.**
저는 주로 사람들의 외모나 태도에 대해 칭찬을 합니다.

4 What was the best compliment you've ever heard in your life?

지금까지 살면서 들었던 최고의 칭찬은 무엇이었나요?

→ 대답 **My father said to me, 'I'm so proud of you. I'm so happy that you're my child' when I passed the college entrance exams.**
제가 대학입학시험에 합격했을 때 아버지가 제게 '난 네가 너무 자랑스럽구나.
난 네가 내 자식이라 참 행복하다'라고 말씀하셨어요.

Everything was delicious.

모든 게 아주 맛있었어요.

'음식이 맛있다'라는 표현으로 It's yummy(아주 맛있다) / It's tasty(맛있어) / It's good(맛 좋아) / That really hit the spot(그것 정말 딱 원하는 맛이다) / The meal was out of this world(식사가 너무나 훌륭했어) / Everything was delicious(모든 게 맛있었어요) 등이 있습니다.

Dialogue

A : **Thank you for inviting me to a wonderful dinner today.**

B : **Don't mention it.** The pleasure was mine.

A : Oh, you are a great cook. Everything was delicious.

B : **Really? Thanks. I'm glad to hear that. I'm so flattered.**

A : Where did you learn to cook so well?

B : **I learned from my mother who was good at cooking.**

A : 오늘 멋진 저녁식사에 초대해 주셔서 감사합니다.

B : 별말씀을요. 오히려 제가 즐거웠어요.

A : 오, 당신은 요리를 참 잘하세요. 모든 게 아주 맛있었어요.

B : 그래요? 고마워요. 그 말을 들으니 다행이네요. 과찬의 말씀이에요.

A : 어디에서 배워서 그렇게 요리를 잘하세요?

B : 저는 요리를 잘하는 제 엄마한테 배웠어요.

표현·단어

- **The pleasure is mine** 제가 오히려 기쁜걸요 (= It's my pleasure)
- **I am so flattered** 과찬의 말씀입니다 (= This is very flattering)

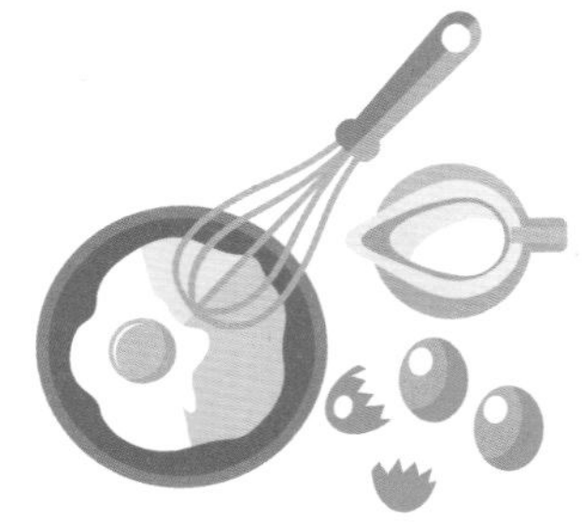

Today's Question 요리 cooking

1 Where did you learn to cook so well?
어디서 그렇게 요리를 잘 배웠어요?

- learn how to + 동사원형 : ~하는 법을 배우다

→ 대답 **About two years ago, I attended a cooking academy for a year.**
2년 전쯤에요, 저는 1년 동안 요리학원에 다녔어요.

→ 유사 표현 **Have you ever taken a cooking class?** 요리수업을 받은 적이 있나요?

2 Are you a good cook?
당신은 요리를 잘하세요?

- cook : (명사)요리사, (동사)요리하다 • cooker : 요리기구 • rice cooker : 밥솥

→ 대답 **Yes, I think so. Everybody says so.** 네, 그렇게 생각해요. 모두가 그렇게 말해요.

→ 유사 표현 **Are you good at cooking?** 요리를 잘하세요?

3 What kind of food can you cook well?
어떤 종류의 음식을 잘 요리할 수 있나요?

→ 대답 **I'm good at making Chinese food.** 저는 중국 음식을 잘 만들어요.

→ 유사 표현 **What kind of food are you good at making?** 어떤 음식을 잘 만들어요?

4 What would you think if your son wanted to be a cook?
만약 당신 아들이 요리사가 되고 싶다면 어떻게 생각하세요?

- What do you think? : 어떻게 생각해요? • prejudice : 편견 • support : 지지하다.

→ 대답 **Well, I've never thought about it. If my son really wants to be a cook, I'll support him. I have no prejudice against chefs.**
글쎄요, 생각해 본 적은 없어요. 만약 제 아들이 정말로 요리사가 되고 싶다면, 그를 지지할 겁니다. 저는 요리사에 대한 편견은 없어요.

Free Talking Questions 6

자신의 상황에 맞게 자유롭게 질문하고 대답해 보세요.

01. *What was the hardest decision you've ever made?*

02. *What are the best choices you've made in your life?*

03. *What's your favorite place for dinner with a special guest?*

04. *Do you have a good sense of humor?*

05. *How can you improve your sense of humor?*

06. *What kind of gifts are popular in Korea?*

07. *What is the most unforgettable gift you've ever received in your life?*

08. *What do you usually do after work?*

09. *Are you satisfied with your work life?*

10. *Have you ever gotten fired from your job?*

11. *Have you ever wanted to change jobs?*

12. *Have you ever had a crush on anyone at first sight?*

13. *What's your favorite restaurant in your city?*

14. *What is the best food you've eaten recently?*

15. *What was the best compliment you've ever heard in your life?*

1. 인생에서 가장 힘든 결정은 무엇이었어요?
2. 당신의 인생에서 가장 잘한 선택들은 무엇입니까?
3. 특별한 손님과 저녁식사를 할 때 가장 좋아하는 장소는 어디입니까?
4. 당신은 유머 감각이 좋으세요?
5. 당신은 어떻게 유머 감각을 향상시키십니까??
6. 한국에서는 어떤 종류의 선물이 인기 있습니까?
7. 평생 받은 선물 중에 가장 잊을 수 없는 선물은 무엇입니까?
8. 퇴근 후에 주로 뭐 하세요?
9. 당신은 직장 생활에 만족하십니까?
10. 직장에서 해고당한 적이 있나요?
11. 직업을 바꾸고 싶었던 적이 있나요?
12. 누군가에게 첫눈에 반한 적이 있나요?
13. 당신이 사는 도시에서 가장 좋아하는 레스토랑은 어디예요?
14. 최근에 먹어 본 것 중에 가장 맛있는 음식이 뭐예요?
15. 당신이 평생 들어 본 최고의 칭찬은 무엇이었나요?

Please write down the five compliments you've heard recently.

당신이 최근에 들은 다섯 가지 칭찬을 적어 보세요.

Experience is the best teacher.

경험이 최고의 스승이다.

Albert Einstein(앨버트 아인슈타인)의 명언 Once you stop learning, you start dying(배움을 멈추는 순간, 죽음이 시작된다)처럼 우리는 끊임없이 배우는 존재이죠. 경험을 통해 많은 걸 배우게 되어 Experience is the best teacher(경험이 최고의 스승이다)라는 말도 있습니다.

Dialogue

A : Oh, you are a very fast learner!

B : Do you think so? I am a good learner of languages.

A : When did you start attending this English class?

B : About 6 months ago. I've had a lot of opportunities to talk to native speakers of English.

A : That's why your English has improved a lot.

B : You can say that again. Experience is the best teacher.

A : 오, 당신은 아주 빨리 배우는군요!
B : 그렇게 생각하세요? 저는 언어를 잘 배웁니다.
A : 당신은 언제부터 이 영어수업을 듣기 시작했어요?
B : 약 6개월 전이요. 저는 그동안 원어민들과 얘기할 기회가 많았어요.
A : 그게 바로 당신의 영어 실력이 많이 향상된 이유이군요.
B : 당신 말이 맞아요. 경험이 최고의 스승이죠.

표현·단어

- opportunity 기회
- native speaker of English (영어를 모국어로 쓰는) 원어민
- You can say that again 당신 말이 맞아요. / 전적으로 동의해요.

Today's Question 배움 learning

1 When did you start attending an English class?
당신은 언제부터 영어수업을 듣기 시작했어요?

• take a class : 수업을 받다(= take a lesson / attend a class : 수업에 참석하다)

→ 대답 **I started last year.** 작년에 시작했어요.

→ 응용 표현 **Are you learning anything new these days?** 요즘 새로운 것을 배웁니까?

2 Are you a fast or a slow learner?
당신은 빠른 학습자입니까, 아니면 느린 학습자입니까?

→ 대답 **I'm a fast learner in sports, but a slow learner in languages.**
저는 스포츠를 빨리 배웁니다, 하지만 언어학습 속도가 느립니다.

3 How do you get new experiences?
당신은 어떻게 새로운 경험을 얻습니까?

• get(gain) experience : 경험을 얻다 • build up(accumulate) experience : 경험을 쌓다

→ 대답 **I try to meet new people and talk with them. And, I always try to do something I haven't done before.**
저는 새로운 사람들을 만나 얘기하려고 노력해요. 그리고 제가 해 보지 않은 것은 항상 해 보려고 노력합니다.

4 Have you ever taken any classes at a lifelong learning center?
당신은 평생학습센터에서 수업을 들어 본 적이 있습니까?

→ 대답 **Yes, I took many kinds of classes after my retirement. Learning gives me the energy of life and an opportunity to have new dreams in my old age.**
그럼요. 저는 퇴직 이후 많은 종류의 수업을 들었습니다. 배움은 저에게 삶의 에너지를 주고 노년에 새로운 꿈을 꿀 수 있는 기회를 줍니다.

→ 응용 표현 **What do you think about life long education?** 평생교육에 대해 어떻게 생각하세요?

ch62.mp3

chapter
62

Have you ever been abroad?

해외에 가 본 적이 있어요?

흔히 '~을 해 봤습니까?'라는 경험을 물을 때는 'Have you ever + p.p?' 현재완료문형을 씁니다. 예를 들면 Have you ever been (lived/ studied) abroad?(해외에 가 본 적(살아 본 적/공부해 본 적)이 있어요?) / Have you ever been to America?(미국에 가 본 적 있나요?) 등이 있습니다.

What has been the most impressive trip so far?
I went to Peru and Cuba last year.

Dialogue

A : Have you ever been abroad?

B : No, not yet. I really want to travel to foreign countries such as Canada and Australia. How about you?

A : I've been abroad many times. I traveled a lot in my younger years.

B : What has been the most impressive trip so far?

A : I went to Peru and Cuba last year. It was the most impressive trip.

B : Oh, yeah? I think I should put it on my dream list.

A : 해외에 가 본 적이 있어요?

B : 아니요, 아직요. 캐나다와 호주 같은 나라에 꼭 여행 가고 싶어요. 당신은요?

A : 저는 외국에 여러 번 가 봤어요. 젊은 시절에 여행을 많이 다녔거든요.

B : 지금까지 가장 인상 깊었던 여행은 무엇이었어요?

A : 작년에 페루와 쿠바에 갔어요. 그게 가장 인상 깊은 여행이었어요.

B : 아, 그래요? 제 꿈 목록에 넣어야겠네요.

표현·단어

- **abroad** 해외에, 해외로
- **such as** ~와 같은(= like), 예를 들면, 이를테면

Today's Question 여행경험 travel experience

1 Have you ever been abroad?

해외에 가 본 적이 있어요?

• abroad : (부사)해외에, 해외로(=overseas)

→ 대답 **Yes, I have been to many countries because I love travelling.**
네, 제가 여행을 무척 좋아해서 많은 나라들을 가 봤습니다.

→ 응용 표현 **How many countries have you been to?** 당신은 얼마나 많은 나라에 가 봤나요?

2 What has been the most impressive trip so far?

지금까지 가장 인상 깊었던 여행은 무엇입니까?

• impressive : 인상적인 • so far : 지금까지

→ 대답 **It was the trip to Paris, France last year.**
작년에 프랑스 파리에 갔던 여행이었어요.

3 How did you like your trip to America?

미국 여행은 어땠어요?

• How do you like + 명사? : ~은 어떻습니까?, 마음에 드십니까?(=How do you feel about~?)

→ 대답 **It was one of the most unforgettable foreign trips I've ever taken.**
제가 가 본 외국여행 중에서 가장 잊을 수 없는 여행 중 하나였어요.

→ 유사 표현 **How was your trip to America?** 미국 여행은 어땠어요?

4 Which country would you like to go to if you have a chance?

기회가 있다면 어느 나라에 가고 싶습니까?

• would like to + 동사원형 : ~을 하고 싶다(= want to + 동사원형 : ~하기를 원하다)

→ 대답 **I really want to go on a Mediterranean cruise.**
저는 지중해 크루즈여행을 꼭 가 보고 싶습니다.

ch63.mp3

chapter
63

Which do you prefer, coffee or tea?

커피와 차 중에 어느 것을 더 좋아하세요?

어떤 것에 대해 선호하는 것을 말할 때는 like A more than B 혹은 like A better than B(B보다 A를 더 좋아하다)를 자주 쓰는데, 유사표현으로 'prefer A to(over) B'(B보다 A를 선호하다)가 있습니다.

Which do you prefer, coffee or tea?
I like tea better than coffee.

Dialogue

A : Would you like something to drink?

B : Yes, thank you.

A : Which do you prefer, coffee or tea?

B : I like tea better than coffee. Coffee keeps me awake at night.

A : Oh, I see. Would you go out for a drink with me tonight?

B : Well, thanks, but I'd rather not go out tonight. I am very tired.

A : 마실 것 좀 드릴까요?

B : 네, 감사합니다.

A : 커피와 차 중 어느 것을 더 좋아하세요?

B : 저는 커피보다는 차를 더 좋아해요. 커피는 마시면 밤에 잠을 못자거든요.

A : 아, 그렇군요. 오늘밤 저와 함께 술 한잔하러 나갈래요?

B : 글쎄요, 고맙지만 저는 오늘밤에는 나가지 않는 게 좋겠어요. 무척 피곤하네요.

표현·단어

- keep someone awake
  잠을 못 자게 하다, 깨어 있게 하다
- would rather + 동사원형 ~than
  ~보다 차라리 ~하는 게 낫겠다

Today's Question 선호 preference

1 Would you like something to drink?
마실 것 좀 드릴까요?

→ 대답 Yes, thank you. I'd like some cold water, please.
네, 감사해요. 찬물 좀 주세요.

→ 유사 표현 Can I get you something to drink? 마실 것 좀 갖다 드릴까요?

2 Which do you like better, city life or country life?
도시생활과 시골생활 중 어느 것을 더 좋아하세요?

→ 대답 I like city life better than country life because it's more convenient.
저는 시골생활보다 도시생활을 더 좋아합니다. 왜냐하면 도시생활이 더 편리해서요.

3 Do you prefer to work alone or as a part of a team?
당신은 혼자 일하는 것을 좋아하세요, 아니면 팀의 일원으로 일하는 것을 좋아하세요?

- prefer to + 동사원형 rather than~ : ~보다는 ~하는 것을 선호하다

→ 대답 I prefer to work alone rather than as a part of a team.
저는 팀으로 일하는 것보다 혼자 일하는 것을 더 선호합니다.

→ 응용 표현 Which do you prefer, going on a picnic or going to a movie?
소풍 가는 것과 영화 보러 가는 것 중에서 어느 것을 더 선호하세요?

4 Would you like to go to the beach or the mountain for the summer holidays?
여름휴가로 해수욕장에 가고 싶습니까, 아니면 산에 가고 싶습니까?

- prefer(선호하다)를 쓸 경우, 비교 대상이 '명사나 동명사'일 경우에는 전치사 to(~보다)를 쓰지만, 비교 대상이 to + 부정사일 경우는 to 대신에 rather than을 씁니다.

→ 대답 I prefer to go to the mountain rather than (go to) the beach.
저는 해수욕장보다는 산에 가는 것을 더 좋아합니다.

Could you do me a favor?

부탁 좀 들어주시겠어요?

누군가에게 '부탁을 하다'는 영어로 'ask a favor of + 사람'이고, '부탁을 들어주다'는 'do a favor'입니다. 예문으로는 Can I ask you a favor?(부탁 하나 해도 될까요?) / Can(Will) you do me a favor?(부탁 하나 들어줄래요?) / Please do me a favor(부탁 좀 들어주세요) 등이 있습니다.

Dialogue

A : Could you do me a favor?

B : What is it? Please tell me. I'll do whatever I can.

A : I am going to go away for a business trip next week.
Would you take care of my puppy while I'm away?

B : Okay. No problem! By the way, how long will you be away?

A : About a week. I know it's a lot to ask. Thanks in advance.

B : Don't mention it. It's no big deal.

A : 부탁 좀 하나 들어주시겠어요?

B : 뭔데요? 말해 보세요. 제가 할 수 있는 거라면 뭐든지 할게요.

A : 제가 다음 주에 출장을 갑니다. 제가 없는 동안 우리 강아지를 좀 돌봐 줄 수 있으세요?

B : 알았어요. 문제없어요. 그런데, 얼마나 가 계실 건가요?

A : 약 일주일이요. 무리한 부탁인줄 압니다. 미리 감사드립니다.

B : 별말씀을요. 별것 아닙니다.

표현·단어

- take care of ~을 돌보다, 처리하다(=deal with)
- in advance 미리
- It's no big deal 별일 아니다, 대수롭지 않다

Today's Question 부탁하기 asking a favor

1 Could you do me a favor?

부탁 좀 하나 들어주시겠어요?

- 부탁이나 제안할 때 자주 쓰는 문형은 Can you / Will you + 동사원형?(~해 줄래요?)의 과거형 Could you / Would you + 동사원형~?(~해 주시겠어요?)을 쓰면 더 공손한 표현입니다.

→ 대답 **Certainly, what is it?** 그럼요. 뭡니까?

→ 응용 표현 **Do you often ask a favor of others?** 다른 사람에게 부탁을 자주 합니까?

2 What do you usually ask your family or friends to do?

가족들이나 친구들에게 주로 무엇을 부탁합니까?

- ask 사람 to + 동사원형 : ~에게 ~하라고 부탁하다, 요청하다, 요구하다

→ 대답 **Well, I often ask my mother to make delicious food for me.**
저는 엄마에게 맛있는 음식을 만들어 달라고 자주 부탁해요.

3 Have you ever lent money to someone else?

다른 사람에게 돈을 빌려 준 적이 있습니까?

- lend money to someone : ~에게 돈을 빌려 주다 • borrow ~from : ~로부터 돈을 빌리다

→ 대답 **Yes, I lent kind of big money to a friend of mine a long time ago. But, it resulted in losing both my friend and my money.**
오래전에 한 친구에게 좀 큰돈을 빌려 줬어요. 그런데 친구와 돈 둘 다 잃게 되었죠.

4 Could you bring some toilet paper to my room? I've run out.

제 방으로 화장지 좀 갖다 주시겠어요? 화장지가 다 떨어졌어요.

- run out of : ~을 다 써 버리다, 떨어지다, ~이 바닥나다

→ 대답 **Certainly, What's the room number?** 물론이죠. 방 번호가 뭐예요?

→ 유사 표현 **Would you get me some toilet paper?** 저에게 화장지 좀 갖다 주시겠어요?

ch65.mp3

chapter
65

You will get used to it.

그것에 익숙해질 거야.

어떤 것에 '익숙해지다'는 get used to + 명사 / 동명사를 씁니다. 유사 표현은 'get accustomed to'와 'adapt'가 있습니다. get used to는 동작의 변화를 말할 때 쓰고, 상태를 표현할 때는 be used to + 명사(~에 익숙해져 있다)를 씁니다. (예문) You'll get used to it(그것에 익숙해질 거야).

I am not quick to adapt to new electronics.
Don't worry.
?

D

Dialogue

A : Hey, what have you been doing all day?

B : I've got a new laptop and I've been trying to get the hang of it.

A : Oh, yeah? You will get used to it.

B : Well, I am not quick to adapt to new electronics.

A : Don't worry. Once you get the hang of it, it's pretty easy.

B : What kind of laptop do you use?

A : 이봐, 하루 종일 뭐하고 있는 거야?

B : 내가 새 노트북을 샀는데, 요령을 터득하려고 노력 중이야.

A : 아, 그래? 그것에 익숙해질거야.

B : 글쎄, 난 새로운 전자제품에 적응하는 것이 빠르지 않아.

A : 걱정 마. 일단 요령을 터득하면 그것은 아주 쉬워.

B : 너는 어떤 노트북을 사용하고 있니?

표현·단어

- laptop 노트북 컴퓨터
- get the hang of
  ~요령을 터득하다,
  (무엇에 대해) 감을 잡다
- be quick to adapt to something
  ~에 적응하는 것이 빠르다

Today's Question 과거 past

1 What have you been doing all day?
당신은 하루 종일 뭐하고 있었어요?

• have been ~ing : ~(계속)해 오고 있다(현재완료 진행형) • all day : 하루 종일

→ 대답 **I have been reading a book all day.** 하루 종일 책 읽고 있었어요.

2 Are you used to the new computer?
새 컴퓨터에 익숙해졌나요?

• early adopter : 얼리어답터(남들보다 먼저 신제품을 사서 써 보는 사람)

→ 대답 **Yes, I am used to it now. I am a so-called early adopter.**
네. 이제 그것에 익숙해졌어요. 저는 소위 말하는 얼리어답터입니다.

3 What did you use to do well in your childhood?
어린 시절에 무엇을 잘했었나요?

• used to+동사 : ~하곤 했었다 • act charming : 애교를 떨다, 애교를 부리다

→ 대답 **I used to sing well and act charming when I was a child.**
저는 어린아이였을 때 노래를 잘 불렀고 애교를 잘 떨었어요.

4 What is the most unforgettable memory of your childhood?
당신의 어린 시절에 가장 잊을 수 없는 추억은 무엇인가요?

• unforgettable : 잊을 수 없는 • childhood : 어린 시절

→ 대답 **I used to play with friends on the hill of my village in the beautiful and sunny spring. That was the most unforgettable memory of my childhood.**
저는 아름다운 햇살 내리쬐는 봄날에 마을 언덕 위에서 친구들과 놀곤 했었어요.
그것이 어린 시절 가장 잊을 수 없는 추억입니다.

Don't overdo it.

너무 무리하지 마.

어떤 것과 행동이 '지나친', '과도한'을 말할 때는 over를 써서 overdo(무리하다, 지나치게 많이 하다), overreact(과장되게 행동하다), overeat(과식하다), overuse(남용하다) 등의 단어가 있어요. '너무 무리하지 마'는 영어로 Don't overdo it / Don't work too hard / Don't push yourself too hard라고 합니다.

Dialogue

A : Hey, are you sick or something? You don't look well.

B : My whole body is aching. I guess I have a muscle ache.

A : What's wrong with your muscles?

B : Actually, I overdid my exercise yesterday, Mom.

A : Oh, gosh! Whatever you do, you shouldn't overdo it.

B : I know what you mean. You mean 'Don't overdo it.'

A : 얘야, 너 어디 아프기라도 하니? 안색이 안 좋아 보이는구나.

B : 온몸이 쑤시네요. 근육통이 있는 것 같아요.

A : 네 근육에 뭐가 문제니?

B : 사실은 어제 제가 운동을 무리했어요, 엄마.

A : 오, 저런! 무슨 일이든 도가 지나쳐서는 안 된다.

B : 무슨 말인지 알겠어요. '너무 무리하지 마'라는 말이죠.

표현·단어

- **ache** (명사)통증, (동사)통증이 있다, 쑤시다
- **muscle ache** 근육통
- **overdo one's exercise** 운동을 지나치게 하다

Today's Question 지나침 overdoing

1 Are you sick or something?
어디 아프기라도 한가요?

• or something : 또는 그런 것, ~ 라도, ~따위(= or similar thing)

→ 대답 **Yes, I have a headache now.** 네, 머리가 아파요.

2 Do you overdo or overuse anything in your daily life?
당신은 일상생활에서 지나치게 하거나 과다하게 사용하는 게 있나요?

• overuse : 남용하다, 과다하게 사용하다(= use too much) • in one's daily life : 일상생활에서

→ 대답 **I sometimes overeat and overdo my exercise. Those are my bad habits!**
저는 때때로 과식을 하고 운동을 지나치게 합니다. 그것들이 저의 나쁜 습관이죠!

3 What do you think of someone who always overacts?
항상 과장되게 행동하는 사람에 대해서 어떻게 생각하십니까?

• 한국인들이 흔히 쓰는 '오버하다'는 영어로 You're being way over the top(너 너무 많이 오버한다).

→ 대답 **Overacting people seem to be fun, but I can't trust anyone who is over the top.**
오버하는 사람은 재미있는 것 같지만, 저는 그런 사람을 믿을 수 없어요.

4 As an old saying goes, if you go beyond bounds in anything, it will do you harm. What do you think of it?
속담에 어떤 일이든 도를 넘으면, 해가 된다는 말이 있지요. 어떻게 생각하세요?

• go beyond : 도가 지나치다, 한도를 넘다 • do harm : 해롭다, ~에게 해를 끼치다

→ 대답 **I totally agree with that. So I try not to overdo myself.**
그 말에 전적으로 동의합니다. 그래서 저는 너무 무리하지 않으려고 노력해요.

I'll be rooting for you.

내가 너를 응원할게.

스포츠 팀이나 곤경에 처한 사람을 응원할 때 I'll be rooting for you(내가 너를 응원할게)라 합니다. root for는 동사로 '격려하다', '지지하다'라는 뜻이죠. 그럼 영어로 '넌 누구를 응원하니?'라는 말은 Who are you rooting for?라 합니다.

Dialogue

A : I heard that you're going to start a business soon.
Is that right?

B : Yes, but I'm getting a little worried about it.

A : Don't worry. I believe you will do well. Give it a try.

B : Thanks. I've prepared for it for a long time, but I'm not confident about it.

A : I know how you feel, but don't give up.
I'll be rooting for you.

B : Thanks for your encouragement. You always cheer me up.

A : 네가 곧 창업할 거라는 얘기를 들었어. 그 말이 맞니?
B : 응, 하지만 그게 조금 걱정이 되고 있어.
A : 걱정하지 마. 난 네가 잘할 거라 믿어. 한번 시도해 봐.
B : 고마워, 난 그것을 오랫동안 준비해 왔어, 하지만 그것에 자신이 없네.
A : 네가 어떤 기분인지 알아. 하지만 포기하지 마. 내가 널 응원할게.
B : 격려해 줘서 고마워. 넌 항상 내게 힘을 주네.

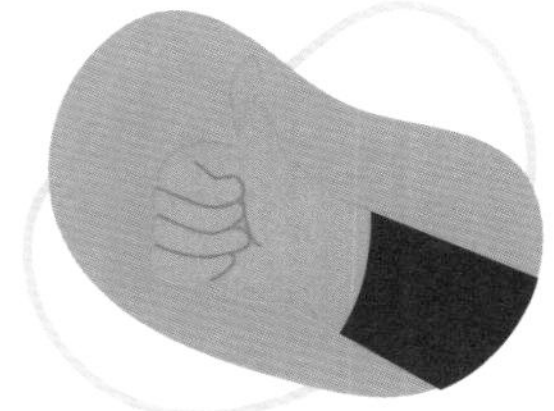

표현·단어

- **prepare for** ~을 준비하다. • **give up** 포기하다.
- **be confident of** ~에 확신하다, ~에 자신이 있다(= be sure of).

Today's Question 격려의 말 pep talk

1 Do you give a pep talk to yourself?

당신은 자신에게 격려의 말을 하나요?

- pep talk(펩톡)은 '격려 연설', '기운을 북돋아 주는 말', '생기를 불어넣어 주는 말'입니다. 여기서 pep은 원기(vigor), 활력(vitality), 생기(liveliness)라는 뜻입니다.
- give a pep talk to~ : ~에게 격려의 말을 하다

→ 대답 Yes. Pep talks and affirmations give me energy and a positive mind.
네. 합니다. 펩톡과 확언은 저에게 에너지와 긍정적 마인드를 줍니다.

2 What are your favorite affirmations?

당신이 가장 좋아하는 확언은 뭐예요?

- affirmation : 확언, 긍정의 말, 확신

→ 대답 They are 'I like myself very much', and 'I'm getting better and better everyday'.
그것은 '나는 내가 참 좋다', '나는 날마다 점점 더 좋아지고 있다'입니다.

→ 유사 표현 What words encourage you? 어떤 말이 너에게 힘이 되니?

3 Who usually encourages you when you are down and weary?

당신이 우울하고 지쳐 있을 때 누가 보통 당신을 격려해 줍니까?

- encourage : 격려하다, 힘을 주다 • encourager : 격려자 • energizer : 활력을 주는 사람

→ 대답 My mother is an encourager and energizer to me.
저의 어머니는 제게 힘과 활력을 주는 사람입니다.

4 What's the most encouraging word you've heard from someone?

누군가에게 들어 본 말 중에 가장 힘이 되는 말이 뭐였어요?

→ 대답 That's what my best friend told me, 'I believe everything you say and do.'
그것은 바로 가장 친한 친구가 한 말인 '난 네가 하는 말과 행동 모두 믿어'예요.

Why don't you stay for dinner?

저녁 먹고 가지 그래요?

식사시간쯤에 집에 방문한 손님이 가려고 하면 흔히 '저녁 먹고 가지 그래요?'라는 말을 하죠. 그럴 때는 stay for dinner(저녁식사를 위해 머물다)를 써서, Why don't you stay for dinner?라 합니다.

Dialogue

A : **Well, I've got to leave now.** I really enjoyed talking with you.

B : **Already? I had a good time with you, too.**

A : **Thanks for your kind hospitality.**

B : **It's nothing. I was glad you came.**
Why don't you stay for dinner?

A : **No, thanks.** I don't want to give you any trouble.

B : **I see. Please come again.** Let me walk you to the car.

A : 이제 가 봐야겠어요. 당신과 정말 즐거운 대화였어요.
B : 벌써요? 저도 역시 좋은 시간이었어요.
A : 친절히 대접해 주셔서 감사합니다.
B : 아무것도 아니에요. 당신이 와 줘서 기뻤어요. 저녁 먹고 가지 그래요?
A : 괜찮아요. 폐를 끼치고 싶지 않아요.
B : 알겠어요. 또 오세요. 제가 차까지 데려다 줄게요.

표현·단어

- **have got to + 동사원형** ~해야만 한다(= have to + 동사원형)
- **hospitality** 환대, 대접
- **give somebody trouble** ~에게 폐(수고)를 끼치다

Today's Question 방문 visit

1 Why don't you stay for dinner?

저녁 먹고 가지 그래요?

- Why don't you +동사원형? : ~하지 그래요? ~하는 게 어떻습니까?(제안할 때 자주 쓰는 표현)

→ 대답 **Thanks, but I've got to go home now.** 고맙지만, 이제 집에 가야 해요.

2 Do you like to visit other people's houses or offices?

당신은 다른 사람의 집이나 사무실에 방문하는 걸 좋아합니까?

- visit : (명사)방문, (동사)방문하다

→ 대답 **Yes, I do. I think visiting someone is an expression of interest.**
네, 좋아합니다. 누군가를 방문하는 것은 관심의 표현인 것 같아요.

3 Do you always give advance notice when you visit someone?

누군가를 방문할 때 항상 미리 알려 주나요?

- give advance notice : 미리 알려 주다, 사전에 통보하다(= notify somebody in advance)

→ 대답 **No, not always. I usually give notice in advance when I visit someone.**
아니요, 항상 그렇지는 않아요. 누군가를 방문할 때는 저는 보통 미리 통지합니다.

4 How often do you visit your hometown?

얼마나 자주 고향을 방문하세요?

- 횟수는 once(한 번), twice(두 번), three times(세 번) 이후부터는 '기수 + times(번)'를 쓰면 됩니다.

→ 대답 **I visit it on special occasions about three or four times a year.**
저는 일 년에 서너 번 정도 특별한 날에 고향을 방문합니다.

→ 유사 표현 **How many times do you go to your hometown a year?**
당신은 일 년에 몇 번이나 고향에 갑니까?

It's so refreshing and nice.

너무 상쾌하고 좋아요.

'아, 시원하다, 상쾌하다'를 영어로 It's so refreshing이라 합니다. refresh는 동사로 '상쾌하게 하다', '생기를 되찾다'라는 뜻이며, refreshing은 형용사로 '신선한', '상쾌하게 하는'이라는 뜻입니다. 목욕탕의 뜨거운 물에 들어가서 '아 시원하다'라고 할 때 이 말을 쓰면 됩니다.

ialogue

A : **What a beautiful mountain!** It's so refreshing and nice.

B : **Yeah, I'm so energized and happy to be here.**

A : How do you usually refresh yourself?

B : **I go to the mountains or take a walk in the park.**

A : **Great.** There's nothing as refreshing as taking a walk.

B : What do you do for a change?

A : 참으로 아름다운 산이네요! 너무 상쾌하고 좋네요.
B : 네, 저는 여기에 오니까 무척 힘이 나고 행복해요.
A : 당신은 주로 어떻게 기분 전환을 하세요?
B : 저는 산에 가거나 공원에서 산책을 합니다.
A : 좋네요. 산책하는 것만큼 상쾌한 것은 없지요.
B : 당신은 기분전환을 위해 무엇을 하시나요?

표현·단어

- **take a walk** 산책하다(= go for a walk)
- **as + 형용사 + as** ~만큼 ~한(동등비교)
- **for a change** 기분 전환을 위해(= for a diversion)

Today's Question 기분 전환 diversion

1 How do you usually refresh yourself?
당신은 어떻게 기분 전환을 합니까?

• refresh oneself : 기분 전환을 하다, 원기(생기)를 되찾다(= rejuvenate)

→ 대답 I go for a walk in the park to refresh myself. How about you?
저는 기분 전환을 위해 공원에 산책을 나갑니다.

→ 유사 표현 How do you rejuvenate yourself? 너는 어떻게 활기를 되찾니?

2 What do you do for a change?
당신은 기분 전환을 위해 무엇을 합니까?

• for a change : 기분 전환을 위해 • chat : 수다 떨다 • chatting : 수다

→ 대답 I go on a trip with a good friend or meet friends and chat.
저는 좋은 친구와 여행을 가거나 친구들을 만나 수다를 떨어요.

3 How do you freshen up your mind?
당신은 마음을 어떻게 새롭게 하세요?

• freshen up one's mind(life) : 마음(인생)을 새롭게 하다(= refresh one's mind)

→ 대답 I do yoga or meditate early in the morning.
저는 이른 아침에 요가나 명상을 합니다.

4 What do you do for entertainment?
오락을 위해 무엇을 하세요?

• entertainment : 오락, 놀이 • recreation : 레크리에이션, 기분 전환, 놀이

→ 대답 I play the guitar or ride a bike with friends.
저는 기타를 연주하거나 친구들과 자전거를 탑니다.

→ 유사 표현 What do you do for fun? 당신은 뭐 하면서 놀아요?

I wish I could do that.

나도 그럴 수 있으면 좋겠다.

'현실적으로 불가능한 것을 바랄 때' 혹은 '간절한 원하는 걸 표현할 때'는 I wish 주어+ 동사의 과거 문형을 씁니다. 이는 가정법의 일종으로 현재 사실의 반대 내용을 원한다고 말할 때 사용하며 '~하면 좋으련만'이라는 뜻입니다. I wish I could do that(나도 그럴 수 있으면 좋겠다)처럼 사용할 수 있습니다.

Dialogue

A : What do you want to do after graduation?

B : I'd like to get a job as soon as possible. I have to support my family. How about you?

A : I hope I can go to America and study English.

B : That's great. I think you can afford to study abroad.

A : I hope I can speak English well and travel around the world.

B : I wish I could do that.

A : 너는 졸업 후 무엇을 하고 싶니?

B : 가능한 한 빨리 취직을 하고 싶어. 난 가족을 부양해야 하거든. 너는?

A : 난 미국에 가서 영어 공부를 할 수 있길 바라고 있어.

B : 그것 좋겠다. 난 네가 해외에서 공부할 여유가 있다고 생각해.

A : 영어를 잘해서 세계 여행을 다닐 수 있으면 좋겠어.

B : 나도 그럴 수 있다면 좋겠다.

표현·단어

- as soon as possible 가능한 한 빨리
- support one's family 가족을 부양하다
- afford to + **동사원형** ~할 여유가 있다, ~할 형편이다

Today's Question 소원, 바람 wish

1 What do you want to do after graduation?
당신은 졸업 후 무엇을 하고 싶어요?

- want to + 동사원형 : ~하길 원하다(=would like to + 동사)
- feel like~ing : ~하고 싶은 기분이다

→ 대답 **I want to get a job as soon as possible and get married.**
저는 가능한 한 빨리 취업을 하고 결혼을 하고 싶어요.

→ 응용 표현 **What do you really want to do this year?** 올해에 정말로 하고 싶은 것은 무엇입니까?

2 What would you like to do in the next 10 years?
당신은 앞으로 10년 동안 무엇을 하고 싶습니까?

- in + 시간개념 : ~후에, 지나서
- in +장소 : ~에, 에서
- in + 공간 : ~안에

→ 대답 **I'd like to build my dream house in the countryside.**
시골에 제가 꿈꾸는 집을 짓고 싶어요.

3 What do you wish you could do well?
당신이 잘했으면 하고 바라는 게 뭡니까?

- wish (that) 주어 could +동사원형 : ~할 수 있으면 좋으련만(불가능한 소망을 말할 때)

→ 대답 **I wish I could fly in the sky like a bird. What about you?**
저는 새처럼 하늘을 날고 싶어요. 당신은요?

4 What do you wish you had?
당신이 가졌으면 하고 바라는 게 뭡니까?

→ 대답 **I wish I had a car so I could go for a drive with you.**
차가 있어서 당신과 함께 드라이브 갈 수 있으면 좋으련만.

→ 유사 표현 **What do you want to have?** 당신이 갖고 싶은 게 뭐입니까?

Free Talking Questions 7

자신의 상황에 맞게 자유롭게 질문하고 대답해 보세요.

01. *Are you interested in cooking?*

02. *Are you a fast or a slow learner?*

03. *Have you ever taken any classes at a lifelong learning center?*

04. *Have you ever been to a foreign country?*

05. *Which country would you like to go to if you have a chance?*

06. *Which do you like better, city life or country life?*

07. *Have you ever lent money to someone else?*

08. *What was the most unforgettable memory of childhood?*

09. *What do you use to get information everyday?*

10. *Who usually encourages you when you are down and weary?*

11. *Do you keep in touch with your hometown friends?*

12. *What do you usually do for a change?*

13. *What makes you happy in your daily life?*

14. *What do you wish you could do well?*

15. *What do you really want to do in this year?*

1. 당신은 요리에 관심이 있어요?
2. 당신은 빠른 학습자입니까, 아니면 느린 학습자입니까?
3. 평생 학습 센터에서 수업을 들어본 적 있습니까?
4. 외국에 가 본 적이 있습니까?
5. 기회가 있다면 어느 나라에 가고 싶습니까?
6. 도시 생활과 시골 생활 중 어느 것을 더 좋아하세요?
7. 다른 사람에게 돈을 빌려 준 적이 있습니까?
8. 어린 시절에 제일 잊을 수 없는 추억은 무엇인가요?
9. 당신은 매일 정보를 얻기 위해 무엇을 사용합니까?
10. 당신이 우울하고 지쳐 있을 때 누가 보통 당신을 격려해 줍니까?
11. 당신은 고향 친구들과 계속 연락을 합니까?
12. 당신은 기분 전환을 위해 무엇을 합니까?
13. 일상생활에서 당신을 행복하게 하는 것은 무엇입니까?
14. 당신은 무엇을 잘할 수 있기를 바랍니까?
15. 올해에 정말로 하고 싶은 것은 무엇입니까?

Please write down five wishes you really want.

당신이 진정으로 바라는 소원 다섯 가지를 적어 보세요.

Let's toast to our success.

우리의 성공을 위해 건배합시다.

건배할 때 영어로 cheers(건배) / Let's toast to our success / Let's drink a toast to our success(우리의 성공을 위해 건배합시다)라고 합니다. 여기서 toast는 명사로 '건배, 축배, 동사로' 건배하다'라는 뜻입니다. '위하여'는 for가 아니라 전치사 to를 씁니다.

Dialogue

A : I'd like to propose to a toast. Everybody, raise your glasses.
Let's toast to our success!

B : Here's to our success! Bottoms up!

A : Can I get you another drink?

B : No, thanks. I don't touch alcohol. Are you a heavy drinker?

A : No, I just enjoy the relaxation of a drink. I'm a lightweight.

B : Oh, you are a light drinker.

A : 제가 건배를 제안하고 싶습니다. 여러분, 잔을 들어 주세요.
우리의 성공을 위해 건배합시다.

B : 우리의 성공을 위하여! 쭉 마셔요!

A : 제가 한 잔 더 갖다 드릴까요?

B : 아니에요. 저는 술을 입에도 대지 않습니다. 당신은 술이 센가요?

A : 아니요, 저는 그저 기분 전환을 위해 술을 즐길 뿐입니다. 저는 술에 약해요.

B : 오, 당신은 술에 약한 사람이군요.

표현·단어

- **propose a toast to** ~(을 위해) 건배를 제안하다
- **raise one's glass to** ~(을 위해) 잔을 들다
- **light drinker** 술이 약한 사람(= lightweight)
- **relaxation** 휴식, 완화

Today's Question 음주 drinking

1 Can I get you another drink?
제가 한 잔 더 갖다 드릴까요?

- Can I get you something? : ~좀 갖다 드릴까요?(=Do you want something? : ~을 원하세요?)

→ 대답 **No, thanks. I only drink socially.** 됐습니다. 저는 사교적으로만 술을 마셔요.

2 Are you a heavy drinker?
당신은 술이 센가요?

- 술을 잘 마시는 사람, 술꾼, 주당을 영어로 a heavy drinker(= a heavyweight)라 합니다.
- drink like a fish라는 표현도 있는데 이는 물고기처럼 마시다, 즉, '술고래다, 술을 엄청 마시다'라는 뜻입니다.

→ 대답 **No, I'm not. I am a lightweight.** 아니요, 저는 술에 약해요.

→ 유사 표현 **Are you a heavy weight?** 당신은 술이 센가요?

3 How much (alcohol) do you drink?
술을 얼마나 마십니까? / 주량이 어떻게 되나요?

- 주량을 물을 때 What's your drinking capacity?(주량이 어떻게 됩니까?)라 합니다.

→ 대답 **I have a drink occasionally. I'm not a big drinker.**
저는 가끔 한잔해요. 술을 많이 마시지는 못해요.

→ 유사 표현 **How many bottles of beer can you drink?** 맥주 몇 병 마실 수 있어요?

4 What food is good for hangovers?
숙취에 좋은 음식은 무엇입니까?

- be good for : ~에 좋다 • hangover : 숙취

→ 대답 **Bean sprout soup is the best hangover food to me.**
저에게는 콩나물국이 최고의 숙취해소 음식입니다.

ch72.mp3

chapter
72

This is my favorite hangout.

이곳은 제가 좋아하는 단골집이에요.

흔히 친구들과 자주 모여 노는 곳을 아지트라고 하는데, 콩글리시입니다. 영어로 hangout(즐겨 찾는 곳, 단골집), hideout(비밀 은신처, 아지트), hiding place(은신처, 숨을 곳)라고 합니다. 자신이 편안하게 쉴 수 있는 행복한 공간인 secret place(비밀장소)가 있으면 더 행복하답니다.

Where do you usually hang out with your friends?
This is my favorite hangout.

Dialogue

A : Where do you usually hang out with your friends?

B : **This is my favorite hangout. I meet my friends in this cafe.**

A : Who do you like to spend time with?

B : **I like to spend time with my brothers. They're my friends.**

A : What do you do for fun with your brothers?

B : **We go on trips or go hiking together.**

A : 당신은 보통 어디에서 친구들과 놀아요?

B : 이곳은 제가 좋아하는 단골집이에요. 저는 이 카페에서 친구들을 만납니다.

A : 누구와 함께 시간 보내는 것을 좋아하세요?

B : 저는 형제들과 시간 보내는 것을 좋아합니다. 그들은 저의 친구들이죠.

A : 형제들과는 뭐 하면서 재미있게 놀아요?

B : 우리는 함께 여행을 가거나 등산을 갑니다.

표현·단어

- **do for fun** 재미를 위해 (~을) 하다, 놀다
- **go on a trip** 여행을 가다
- **go hiking** 등산을 가다, 도보 여행 가다

Today's Question 장소 place

1 Where do you usually hang out with your friends?

당신은 보통 어디에서 친구들과 어울려 놀아요?

- hang out with : ~와 어울리다, 놀다(아이들이 '노는 것'에는 play를 쓰지만, 성인들이 노는 것에는 주로 hang out with / spend time with / mix with / socialize with / associate with을 씁니다)

→ 대답 **We usually hang out in a club in Itaewon.** 이태원에 있는 클럽에서 주로 놀아요.

2 Who do you like to spend time with?

누구랑 함께 시간 보내는 것을 좋아하세요?

→ 대답 **I like to spend time with my co-workers.** 저는 동료들과 어울리는 것을 좋아해요.

→ 유사 표현 **Who do you like to hang out with?** 누구랑 노는 걸 좋아해요?

3 Where is your favorite hideout?

당신이 좋아하는 아지트는 어디입니까?

→ 대답 **My favorite hideout is a park near my house. I feel comfortable and happy there. So I take a walk in the early morning almost everyday.**
제가 좋아하는 아지트는 집 근처에 있는 공원이에요. 저는 거기에 있으면 마음이 편하고 행복해요. 그래서 거의 매일 아침에 산책을 합니다.

→ 유사 표현 **Where is your favorite hangout?** 네가 가장 좋아하는 단골집은 어디야?

4 Where is your happiest place?

당신에게 가장 행복한 장소는 어디예요?

→ 대답 **It's my home. Home is a comfortable and relaxing place for me.**
그곳은 제 집이에요. 집은 제게 편안한 휴식처입니다.

→ 유사 표현 **Where do you feel happy?** 당신은 어디에서 행복을 느껴요?
What's your favorite place? 가장 좋아하는 장소는 어디예요?

Is this your first time here?

여기에 처음인가요?

'~하는 게 처음인가요?'라고 물을 때는 Is this your first time ~ing?를 씁니다. 예문으로 Is this your first time (being) here?(여기 처음 오시는 건가요?) 등이 있습니다. 여기에서 being은 생략해도 말이 됩니다. Is this your first time studying English?(영어 공부는 처음인가요?)

Dialogue

A : This place is really amazing. The atmosphere is very good.

B : Is this your first time here?

A : Yeah, I didn't know there was such a nice restaurant around here.

B : This is a famous restaurant. I'm a regular customer here.

A : No wonder there're many customers here.
The food really hits the spot.

B : Absolutely. Besides that, the service is excellent.

A : 이곳은 정말 끝내주네요. 분위기도 아주 좋네요.

B : 여기에 처음인가요?

A : 네. 이 근처에 이렇게 좋은 식당이 있는지 몰랐어요.

B : 이곳은 유명한 맛집이에요. 저는 여기 단골손님이고요.

A : 손님이 많은 것도 당연하네요. 음식이 정말로 제 입에 딱 맞네요.

B : 그렇고 말고요. 게다가, 서비스도 훌륭해요.

표현·단어

- **atmosphere** 분위기, 공기, 대기
- **regular customer** 단골손님(= steady customer : 꾸준한 고객)
- **hit the spot** (~이) (자신이 원하는) 딱 그것이다, 더할 나위 없이 좋다

Today's Question 첫 경험 first experience

1 Is this your first time here?
여기에 처음인가요?

• stranger : 낯선 사람, 이방인 • feel left out : 소외감을 느끼다

→ 대답 Yes, it's my first time. I'm a stranger here. I feel left out.
네, 처음입니다. 이곳에서 저는 낯선 사람이네요. 저는 소외감을 느껴요.

→ 유사 표현 Are you a newcomer here? 여기 처음 오신 분인가요?

2 Is this your first time talking to a foreigner?
외국인과 이야기 나누는 건 처음이신가요?

• talk to + 사람 : 에게 말을 걸다, ~ 와 얘기하다(= talk with : ~와 이야기를 나누다)

→ 대답 Yes, I'm a little nervous, but excited. 네, 조금 떨리지만, 설레이네요.

3 When did you first study English?
언제 처음으로 영어를 공부했나요?

→ 대답 I started learning English when I was in the first grade of middle school.
제가 중학교 1학년이었을 때 영어를 배우기 시작했어요.

4 When was your first time making money?
언제 처음으로 돈을 벌었습니까?

• make money : 돈을 벌다(= earn money) • have a part-time job : 아르바이트를 하다

→ 대답 When I was in high school, I had a part-time job at a restaurant during the summer vacation. That was my first time making money.
제가 고등학교에 다닐 때, 여름방학 동안에 식당에서 아르바이트를 했어요. 그때 처음으로 돈을 벌었어요.

→ 유사 표현 When did you first make money? 언제 처음으로 돈을 벌었나요?

How can I thank you?

어떻게 감사를 해야 할까요?

신세를 져서 너무 고마울 때는 How can I thank you? / I don't know how to thank you enough / I can't thank you enough(어떻게 감사를 드려야 할지 모르겠네요)라고 합니다.

Dialogue

A : You've been a great help to me. **How can I thank you?**

B : **Don't mention it.** It was the least I could do.

A : **Without your help, I wouldn't have held my mother's funeral.**

B : Think nothing of it. **The pleasure is mine.**

A : I owe you a lot. **Please let me know whenever you need my help.**

B : **How nice of you to say so!**

A : 당신은 제게 큰 도움이 되었어요. 어떻게 감사를 해야 할까요?

B : 별말씀을요. 그것이 제가 할 수 있는 최소한의 것이었어요.

A : 당신의 도움이 없었더라면, 저의 어머니의 장례식을 못 치렀을 거예요.

B : 아무것도 아닌데 마음 쓰지 말아요. 제가 오히려 고맙죠.

A : 크게 신세를 졌습니다. 제 도움이 필요하면 언제든지 알려 주세요.

B : 그렇게 말씀하시니 정말 친절하시군요.

표현·단어

- **It's the least I could do** 별것 아니었어요.
- **funeral** 장례식 • **owe** ~에게 신세(빚)를 지다(I owe you one : 제가 신세를 지는군요)

Today's Question 감사하기 gratitude

1 How can I thank you?

어떻게 감사를 해야 할까요?

• 감사 영어표현 : Thank you for your help(도와줘서 감사합니다) / I am thankful for your help(당신의 도움에 감사합니다) / I am grateful for your help(당신의 도움에 감사하고 있어요) / I appreciate your help(당신의 도움에 감사합니다) 등이 있습니다.

→ 대답 **It's no big deal. Never mind. It's my pleasure.**
별거 아니에요. 신경 쓰지 말아요. 제가 좋아서 한 건데요.

2 What are you grateful for in your life?

당신은 살면서 무엇에 대해 감사하고 있습니까?

• be grateful for : ~에 대해 감사히 여기다(= be thankful for) • gratitude : (명사)감사

→ 대답 **I am grateful for all I have in my life.** 저는 제 인생에 가지고 있는 모든 것에 대해 감사해요.

3 Who are you most grateful to at this moment?

당신은 지금 이 순간 누구에게 가장 감사하고 있습니까?

• be grateful to + 사람 : ~에게 고마워하다(= be thankful to someone for something)

→ 대답 **I am most grateful to my family for my happiness.**
저는 행복을 준 나의 가족에게 가장 감사하고 있어요.

4 What do you thank God for?

당신은 무엇에 대해 하나님께 감사합니까?

• thank God (that) 주어+동사 or thank God for + 명사 : ~해서 하나님께 감사한다

→ 대답 **I thank God that I have a good family.**
좋은 가족이 있어 신께 감사해요.

Can you show me the way?

길 좀 안내해 주시겠어요?

길을 물을 때 자주 쓰는 표현은 Can you show me the way to + 장소?(~에 가는 길 좀 안내해 줄래요?) / Do you know where 주어+동사?(~이 어디에 있는지 아세요?) / How can I get to 장소?(~에 어떻게 가야 하나요?) 등이 있습니다.

Dialogue

A : **Excuse me,** do you know where city hall is?

B : **Beats me.** I'm a stranger here.

A : **I see. Excuse me,** Can you show me the way to **city hall?**

C : **City hall? Okay,** go straight for two blocks **and turn left at the corner. It's on the right.**

A : **Straight for two blocks and turn left?**

C : **You got it!** You can't miss it.

A : 실례지만, 시청이 어디에 있는지 아세요?

B : 모릅니다. 저도 이곳이 처음입니다.

A : 알겠습니다. 실례합니다. 시청 가는 길 좀 안내해 주실 수 있으세요?

C : 시청이요? 두 블럭을 곧장 가서 모퉁이에서 왼쪽으로 돌아가세요.
시청은 오른쪽에 있어요.

A : 두 블록 쭉 가서 왼쪽이요?

C : 바로 그거예요. 그곳은 찾기 쉬워요.

표현·단어

- **go straight** 곧장 가세요
- **turn left(right)** 왼쪽(오른쪽)으로 돌아요
- **You can't miss it**은 너는 그것을 놓칠 수 없다는 의미로, 즉 '찾기 쉽다'라는 뜻입니다.

Today's Question 길 묻기 asking for direction

1 Do you know where city hall is?
시청이 어디에 있는지 아세요?

• (It) Beats me : 전혀 모르겠다(= I haven't got a clue) • stranger : 낯선 사람, 이방인

➜ 대답 **Beats me. I'm a stranger here.** 모릅니다. 저도 이곳이 처음이에요.

➜ 유사 표현 **Where is the city hall?** 시청은 어디에 있어요?

2 Where is the ladies' room?
여자 화장실은 어디에 있어요?

• ladies' room : 여자 화장실(= women's restroom) ↔ men's room : 남자 화장실(= men's restroom)
• Go upstairs : 위층으로 가라. ↔ Go downstairs : 아래층으로 가라.

➜ 대답 **It's on the second floor. Go upstairs and turn right.**
그것은 2층에 있어요. 계단으로 올라가서 오른쪽으로 가세요.

3 How can I get to the museum from here?
여기에서 박물관까지 어떻게 가야 하나요?

• get to + 장소 : ~에 도착하다, 도달하다 • from here : 여기에서부터

➜ 대답 **You can get there by bus or by taxi.** 버스나 택시를 타고 갈 수 있어요.

➜ 응용 표현 **How long does it take to get there by bus?** 거기에 가려면 버스로 얼마나 걸릴까요?

4 Can you show me the way to the museum?
박물관 가는 길 좀 안내해 주실래요?

➜ 대답 **Certainly. Go straight for one block. It's next to Central Park.**
물론이죠. 한 블럭 곧장 가세요. 그것은 센트럴파크 옆에 있어요.

➜ 유사 표현 **Could you tell me the way to the museum?** 박물관 가는 길 좀 안내해 주실래요?

Time is up. Let's call it a day.

시간 다 됐어요. 그만 끝냅시다.

정해진 시간이 다 되었을 때는 Time is up(시간 다 됐어요) / Let's call it a day(그만 끝냅시다) 라고 합니다. call it a day는 '~을 그만하기로 하다'라는 뜻이죠. 시간종료를 알릴 때는 Time is over(시간 지났어요)를 씁니다. 여기에서 be over는'~끝나다'라는 뜻입니다.

Dialogue

A : Hey, it's time to get off work.

B : Oh, is it? What time is it now?

A : It's six-twenty. Time is up. Let's call it a day.

B : Already? Time is really flying. I lost track of time working.

A : You are such a workaholic! By the way, could you spare me a minute, please? There's something I'd like to discuss with you.

B : Discuss with me? Alright. Shall we talk over a cup of tea?

A : 이봐요, 퇴근할 시간이에요.
B : 아, 그래요? 지금 몇 시예요?
A : 6시 20분이에요. 시간 다 됐어요. 그만 끝냅시다.
B : 벌써요? 시간이 참 빨리 가네요. 저는 일하느라 시간 가는 줄 몰랐어요.
A : 당신은 정말 일 중독자예요. 그런데 말이에요, 잠시 시간을 내 주시겠어요? 당신과 의논하고 싶은 것이 있어요.
B : 저와 의논을요? 좋아요. 우리 차 한잔 하면서 얘기할까요?

표현·단어

- **lose track of time ~ing** ~하느라 시간 가는 걸 잊다
- **spare** (동사)시간을 할애하다, 시간을 내 주다, (형용사)여분의(= extra)

Today's Question 퇴근 시간에 time to get off work

1 What time is it now?
지금 몇 시예요?

- 시간을 말할 때 It's five to ten(5분전 10시예요)/ It's ten past nine(10분 지난 9시예요)식으로 자주 말합니다. '~(분) 전 / 지난'을 말할 때는 'It's 분 to(전) / past(지난) 시간' 순서로 말합니다. 그럴 때 주로 15분은 a quarter, 반(30분)은 half라고 합니다.

→ 대답 **It's 6 o'clock.** 정각 6시입니다.

→ 유사 표현 **What time do you have? / What's the time?** 몇 시입니까?

2 What time do you usually get off work?
몇 시에 주로 퇴근하세요?

- get off work : 퇴근하다(= leave work) ↔ go to work : 출근하다(= go to the office)

→ 대답 **I get off work around 7 p.m. I often work overtime.**
오후 7시경에 퇴근해요. 저는 종종 초과근무를 합니다.

3 How do you commute everyday?
당신은 매일 어떻게 통근합니까?

- commute : 통근하다, 출퇴근하다 • during the rush hour : (출퇴근) 혼잡 시간 때

→ 대답 **I commute by subway. I hate driving during rush hour.**
저는 지하철을 타고 통근합니다. 러시아워에 운전하는 것을 싫어해요.

4 How long does it take to get to work?
회사에 출근하는 데 얼마나 걸려요?

- How long does it take to + 동사원형? : ~하는 데 얼마나 걸립니까?

→ 대답 **It usually takes about an hour by subway.**
지하철로 보통 1시간 정도 걸립니다.

Now you're talking!

이제야 말이 통하는군.

내가 원하는 것을 혹은 내가 하려고 하는 말을 상대방이 말할 때는 영어로 Now you're talking(이제야 말이 통하는군, 내말이 그 말이야, 바로 그거야, 그게 바로 내가 원하는 바야)이라고 합니다.

Dialogue

**A : I'm thinking of ordering dinner for tonight.
Are you interested?**

B : Well, that depends. What kind of food do you have in mind?

A : I'm not sure what I want to eat. What's your favorite food?

B : I love seafood. My favorite is sushi. How do you like it?

A : Now you're talking! I'm crazy about sushi.

B : That's great. Let's order sushi for dinner.

A : 오늘밤 저녁식사는 배달시켜 먹을까 생각 중이야. 너 관심 있니?

B : 글쎄. 상황에 달려 있어. 넌 어떤 음식을 마음에 두고 있니?

A : 뭘 먹고 싶은지 잘 모르겠어. 네가 가장 좋아하는 음식은 뭐니?

B : 난 해산물 요리를 무척 좋아해. 제일 좋아하는 것은 초밥이야. 그것은 어떨까?

A : 이제야 말이 통하는군! 나도 초밥을 엄청 좋아해.

B : 그것 좋다. 우리 저녁식사로 초밥 시켜 먹자.

표현·단어

- **depend on** ~에 의존하다, ~에 달려 있다
- **be crazy about** ~에 푹 빠지다, ~에 미쳐있다, ~을 너무 좋아하다

Today's Question 좋아하는 것 likes

1 What kind of food do you have in mind?

넌 어떤 음식을 마음에 두고 있니?

• have in mind : ~을 염두에 두다, ~을 생각하고 있다

→ 대답 I want to have some Chinese food. 저는 중국음식이 먹고 싶어요.

→ 유사 표현 What food do you want to have? 무슨 음식 먹고 싶니?

2 What's your favorite food?

가장 좋아하는 음식은 뭐예요?

• 좋아하는 것을 말할 때 I like it(난 그것을 좋아해) / I like it very much(그것을 아주 많이 좋아해) / I love it(그것을 무척 좋아해) / I'm crazy about it(나는 그것에 푹 빠져 있어)라고 하고, 싫을 때는 I don't really like it(그것을 별로 좋아하지 않아) / I dislike it(그것을 싫어해) / I hate(can't stand) it(그것을 너무 싫어해)라고 말합니다.

→ 대답 My favorite food is spaghetti. 내가 제일 좋아하는 음식은 스파게티예요.

3 What's your favorite flavor of ice cream?

당신이 제일 좋아하는 아이스크림 맛은 무엇인가요?

• flavor : (독특한) 풍미, 향미, 맛(= savor)

→ 대답 I like strawberry ice cream the most. 저는 딸기아이스크림을 제일 좋아해요.

→ 응용 표현 What's your favorite dessert? 당신이 제일 좋아하는 후식은 뭐예요?

4 What do you like to eat for breakfast?

아침식사로 무엇을 먹는 걸 좋아하세요?

• breakfast : 아침식사 • lunch : 점심식사 • dinner : 저녁식사

→ 대답 I like to eat fresh fruits and vegetables for breakfast.
저는 아침식사로 신선한 과일과 야채를 먹는 걸 좋아합니다.

I'm not in a good mood today.

저 오늘 기분 별로예요.

기분 좋을 때 영어표현은 I feel good today / I'm in a good mood today(오늘 기분 좋아요)이며 기분이 별로일 때는 I don't feel good / I'm not in a good mood라 합니다. mood는 명사로 '기분, 분위기, 감정'이라는 뜻이고, moody는 형용사로 '침울한(=gloomy, depressed), 기분변화가 심한(=changeable)'이라는 뜻입니다.

Dialogue

A : How are you feeling today?

B : I feel wonderful today. I feel like something good is going to happen to me today. Let's buy a lottery ticket.

A : I don't believe in luck. Besides, I'm not in a good mood today.

B : Why are you so moody today?

A : I'm not sure. I just feel down.

B : Are you going through menopause?

A : 오늘 기분 어때요?

B : 오늘 기분 너무 좋아요. 뭔가 좋은 일이 저에게 일어날 것 같은 기분이 들어요. 우리 복권을 삽시다.

A : 저는 운을 믿지 않아요. 게다가, 저는 오늘 기분이 별로예요.

B : 오늘 왜 그렇게 기분이 안 좋은 거예요?

A : 잘 모르겠어요. 그냥 기분이 우울하네요.

B : 갱년기를 겪고 있는 건가요?

표현·단어

- lottery ticket 복권
- besides 게다가
- go through a menopause 갱년기(폐경기)를 경험하다

Today's Question 감정 feelings

1 How are you feeling today?
오늘 기분 어때요?

• 감정표현 형용사 : happy(행복한), sad(슬픈), tired(피곤한), angry(화난), nervous(긴장한), scared(무서운), depressed / down / moody(우울한), sick(아픈), lonely(외로운), irritated(짜증난)

→ 대답 **I feel good today. How about you?** 오늘 기분 좋아요. 당신은요?

→ 유사 표현 **How do you feel today?** 오늘 기분 어때요?

2 Why are you so moody today?
오늘 왜 그렇게 기분이 안 좋아요?

• moody : 기분이 안 좋은, 침울한 • have an argument with : ~와 말다툼하다

→ 대답 **I had an argument with my mother earlier.** 오늘 엄마랑 다투었어요.

→ 유사 표현 **Why are you so depressed today?** 오늘 왜 그렇게 우울한가요?

3 What do you do when you are feeling down?
기분이 우울할 때 당신은 무엇을 하세요?

• feel down : 마음이 울적하다 • feel depressed : 우울하다 • embarrassed : 당황스러운

→ 대답 **I call a friend and we chat.** 저는 친구에게 전화를 해서 수다를 떨어요.

→ 응용 표현 **What do you do when you're embarrassed?** 당신은 당황스러울 때 어떻게 하세요?

4 Why are you in such a good mood today?
당신은 오늘 왜 이렇게 기분이 좋은 거예요?

→ 대답 **Something good happened to me.** 저에게 좋은 일이 생겼어요.
I got promoted to manager. 제가 매니저로 승진했어요.

→ 유사 표현 **Why are you so happy today?** 오늘 왜 그렇게 행복한 거예요?

What a small world!

세상 참 좁구나!

외국 여행 중에 지인을 만나면 '세상 참 좁구나!'라는 생각이 들죠. 그럴 때 영어로는 What a small world!라고 합니다. What (a) + 형용사 + 명사 + (주어 + 동사)!는 감탄문으로 '참으로 ~하구나!'라는 뜻인데, '주어 + 동사'는 생략이 가능합니다. (예문) What a coincidence!(우연의 일치군요!)

Dialogue

A : Look who I've got here! **Aren't you Sally?**

B : **Yeah, oh, my goodness!** What are you doing here!
I wasn't expecting to see you in New York.

A : **Me, neither.** What a small world!

B : **Right.** What a nice surprise to see you here! **What brought you here?**

A : **I came on business. What about you?**

B : **I'm just traveling.**

A : 아니 이게 누구야! 너 샐리(Sally) 아니니?

B : 응, 어머나 세상에! 네가 여기 웬일이니!
너를 뉴욕에서 만나리라 예상치 못했어.

A : 나 역시 그래. 세상 참 좁구나!

B : 맞아. 너를 여기서 만나니 참 반갑구나! 여기는 무슨 일로 온 거니?

A : 난 사업차 왔어. 너는?

B : 난 그냥 여행 중이야.

표현·단어

- **oh, my goodness**
(놀람을 나타내는 감탄사로) 어머나, 세상에!, 이럴 수가!
- **Me, neither**
부정문에서 '나도 역시'라는 뜻이고, 긍정문에는 Me, too라 합니다.

Today's Question 우연의 일치 coincidence

1 What brought you here?
여기에는 무슨 일로 오셨어요?

• 누군가를 우연히 만났을 때 '여긴 어쩐 일이에요?' 혹은 방문목적을 물을 때 '여긴 무슨 일로 왔어요?'라는 뜻으로 자주 씁니다. 유사표현은 What brings you here?입니다.

→ 대답 **I came here to see you.** 당신을 만나러 왔어요.

2 I am a vegetarian. How about you?
저는 채식주의자입니다. 당신은요?

• 상대의 말에 '나도 역시 그래(Me, too)'라고 맞장구를 칠 때 I am,(do/ can/ did/ have) too 라 합니다. 유사표현으로 긍정문일 경우 'So + 동사 + 주어'를 써서 So am(do / can / did / have) I 라고 하는데, 상대방 말의 동사에 맞춰 쓰고 시제도 같게 맞춰 써야 합니다만 비격식적인 표현인 likewise(마찬가지야)가 있습니다.

→ 대답 **What a coincidence! I am, too.** (=So am I)우연의 일치네요! 저도 역시 그래요.

→ 유사 표현 **Are you a vegetarian?** 당신은 채식주의자예요?

3 I am not a good dancer. What about you?
저는 춤을 잘 못 춰요. 당신은요?

• 부정문에 맞장구를 칠 때는 'Neither + 동사 + 주어'를 써서 Neither am(do / can / did / have) I 라고 합니다. 혹은 간단하게 'Me, neither'라고도 합니다.

→ 대답 **Neither am I. (=I am not either).** 저도 역시 그렇지 않아요.

4 Have you bumped into someone you know abroad?
외국에서 아는 사람을 우연히 만난 적이 있나요?

• bump into someone : (우연히) 마주치다, 우연히 만나다(= run into / meet someone unexpectedly)

→ 대답 **Yes, I ran into an old friend of mine in Paris, France. I was so surprised.**
네, 프랑스 파리에서 옛 친구를 우연히 만났어요. 정말 놀랐어요.

What's done is done.

이미 지난 일이야.

서양속담에 It's no use crying over spilt milk(엎질러진 우유 앞에서 울어봐야 소용없다)라는 말이 있는데, 이 말은 It's too late for regrets(후회해도 소용없다)라는 뜻입니다. 유사표현으로 What's done is done(이미 지난 일이야)이 있습니다. 즉 '지나간 일은 어찌 할 수 없다'라는 뜻입니다.

Dialogue

A : Where were you yesterday? You didn't come to English class.

B : Right. Sorry I couldn't help it. What's done is done.

A : What happened to you? What did you do yesterday?

B : I overslept and missed the bus. I fell down on the way and got hurt. So, I went to a doctor.

A : That's too bad. Were you hurt badly?

B : No, It wasn't that bad. It was all my fault.

A : 너 어제 어디에 있었니? 영어수업에 안 왔더라.

B : 맞아. 미안해, 나도 어쩔 수 없었어. 이미 지난 일이야.

A : 무슨 일이 있었니? 어제 너 뭐 했니?

B : 난 늦잠을 자서 버스를 놓쳤어.
가는 길에 넘어져서 다쳤어. 그래서 병원에 갔어.

A : 그것 참 안됐구나. 심하게 다쳤니?

B : 아니, 그렇게 심하진 않아. 그것은 다 내 잘못이야.

표현·단어

- **I couldn't help it** 나도 어쩔 수 없었어 (≒ had no choice)
- **overslept** 늦잠 잤다
- **fell down** 넘어졌다
- **on the way** 도중에

Today's Question 과거 past

1 Where were you yesterday?
당신은 어제 어디에 있었어요?

→ 대답 **I was at home all day yesterday. Why?** 어제 하루 종일 집에 있었어요. 왜요?

→ 응용 표현 **What did you do yesterday?** 당신은 어제 무엇을 했나요?

2 What did you do during the holidays last week?
지난주 휴일 동안에 무엇을 했습니까?

• during the holidays : 휴일 동안에, 명절 동안에 • last week : 지난주

→ 대답 **I had a dinner party with my family.** 가족들과 함께 저녁파티를 했어요.

→ 응용 표현 **What did you do on the last weekend?** 지난 주말에 뭐했어요?

3 What was the best thing you did when you were young?
어릴 때 당신이 가장 잘한 것은 무엇이었습니까?

• When I was a child : 내가 아이였을 때(=in my childhood : 어린 시절에)

→ 대답 **Well, I learned how to play the piano when I was a child. I think that was the best thing I did in my childhood. I still enjoy playing the piano.**
음, 제가 아이였을 때 피아노 치는 것을 배웠어요. 그것이 어린 시절 제가 한 것 중에 가장 잘한 일인 것 같아요. 저는 여전히 피아노 연주를 즐깁니다.

4 Were you a good child?
당신은 착한아이였나요?

• troublemaker : 문제아, 말썽꾸러기 • tomboy : 말괄량이

→ 대답 **No, I was a troublemaker in my family.** 아니요, 전 가족 중에서 말썽꾸러기였죠.

→ 응용 표현 **Were you a good student?** 당신은 착한 학생이었나요?

Free Talking Questions 8

자신의 상황에 맞게 자유롭게 질문하고 대답해 보세요.

01. *Are you a heavyweight?*

02. *What do you do when you are drunk?*

03. *Who do you like to hang out with?*

04. *Where is your happiest place?*

05. *When was your first time making money?*

06. *Who are you most grateful to at this moment?*

07. *What are you grateful for in your life?*

08. *Do you know where the ladies' room is?*

09. *What is the happiest time of the day for you?*

10. *What's your favorite place to go on a picnic?*

11. *How do you like watching TV?*

12. *How are you feeling today?*

13. *What do you do when you are feeling down?*

14. *Do you believe in luck?*

15. *Have you ever met someone unexpectedly?*

1. 당신은 술이 센가요?
2. 당신은 술 취하면 무엇을 하세요?
3. 당신은 누구랑 노는 것을 좋아하세요?
4. 당신에게 가장 행복한 장소는 어디예요?
5. 언제 처음으로 돈을 벌었습니까?
6. 지금 이 순간 당신은 누구에게 가장 감사하고 있습니까?
7. 당신은 살면서 무엇에 대해 감사하고 있습니까?
8. 여자 화장실은 어디에 있는지 알아요?
9. 하루 중 당신에게 가장 행복한 시간은 언제입니까?
10. 소풍 가기에 가장 좋아하는 장소는 어디예요?
11. 텔레비전 보는 것 어떻습니까?
12. 오늘 기분 어때요?
13. 기분이 우울할 때 당신은 무엇을 하세요?
14. 당신은 운을 믿습니까?
15. 당신은 예상치 못하게 누군가를 만난 적이 있습니까?

Please write down the five things you appreciate about life.

인생에서 감사한 것 다섯 가지를 적어 보세요.

Part 03

해외여행
영어회화 이야기

Do you have any baggage to check?

수화물 부칠 것 있나요?

외국공항에서 탑승수속을 할 때 예약한 항공사카운터(check-in counter)에 가서 탑승수속을 하고 짐을 부칩니다. 그때 자주 쓰는 표현이 Do you have any baggage to check?(수화물 부칠 것 있나요?)입니다.

Dialogue

A : Could I have your passport and ticket, please?

B : **Sure, here you are.**

A : How many passengers are checking in with you?

B : **There are four of us. Can we sit together?**

A : **Alright.** Do you have any baggage to check?

B : **Yes, Four bags.** I'd like a seat near the lavatory, please.

A : 여권과 비행기 표를 주시겠어요?

B : 그럼요. 자, 여기 있어요.

A : 몇 명의 승객이 함께 수속하십니까?

B : 우린 넷입니다. 우리 함께 앉을 수 있을까요?

A : 알겠어요, 수화물 부칠 것 있으신가요?

B : 네, 가방 4개 있어요. 화장실 근처 좌석으로 주세요.

표현·단어

- **baggage** 짐, 수화물(= luggage)
- **lavatory** 화장실(= rest room)

Today's Question 공항 출국 수속 airline check-in

1 Could I have your passport and ticket?

여권과 비행기 표를 주시겠어요?

• passport : 여권 • flight ticket : 비행기 표(=plane ticket)

➔ 대답 **Sure, here they are.** 물론이죠. 자 여기 있어요.

➔ 유사 표현 **May I see your passport and ticket?** 여권과 비행기 표를 보여주실래요?

2 How many passengers are checking in with you?

승객 몇 명이 함께 수속하십니까?

• passenger : 승객 • check in : 탑승수속하다, (호텔에) 투숙하다

➔ 대답 **There are two of us checking in together.** 우리는 둘이 함께 수속 중입니다.

➔ 유사 표현 **How many passengers are there with you?** 동승객은 몇 명입니까?

3 Do you have any baggage to check?

수화물 부칠 것 있나요?

• baggage : 수화물(= luggage) • check (in) : (비행기 탈 때) 짐을 부치다, 탑승수속하다

➔ 대답 **Yes, I have one bag.** 네, 가방 하나가 있어요.

➔ 유사 표현 **Are you checking any bags?** 부칠 수화물이 있습니까?

4 Would you like an aisle seat or a window seat?

통로 쪽 좌석으로 하시겠어요? 창가 쪽 좌석으로 하시겠어요?

• aisle seat : 통로좌석 • window seat : 창가좌석

➔ 대답 **I'd like a window seat in the front, please.** 앞쪽의 창가좌석으로 주세요.

➔ 응용 표현 **Where is the check-in counter for Korean Airlines?**
대한항공 탑승수속카운터는 어디에 있습니까?

Where is the currency exchange?

환전소는 어디에 있어요?

외국여행 중에 환전(Money Exchange)을 해야 할 경우 Where is the currency exchange?(환전소는 어디에 있어요?) / I'd like to exchange some money(돈을 환전하고 싶습니다)라고 말합니다.

Dialogue

A : **Hello. I'd like to exchange some money, please.**

B : What currencies would you like to receive?

A : **Korean Won into US dollars.** What's the exchange rate today?

B : **One US dollar equals 1200 won. How much would you like?**

A : **300,000 won.** How much is it in US dollars?

B : **That will be 250 U.S dollars. May I see your passport?**

A : 안녕하세요. 돈을 좀 환전하고 싶습니다.

B : 어떤 통화로 받고 싶으십니까?

A : 한화를 미국 달러로요. 오늘 환율이 어떻게 되나요?

B : 미화 1달러에 한화 1200원입니다. 얼마를 바꾸고 싶으십니까?

A : 30만 원이요. 그것이 미국달러로 얼마입니까?

B : 미화로 250달러입니다. 여권을 보여 주시겠어요?

표현·단어

- **currency** 통화
- **currency exchange**
  환전, 환전소(= money exchange)
- **exchange rate** 환율
- **exchange fee** 환전수수료(= commission)

Today's Question 환전소 currency exchange

1 What currencies would you like to exchange?
어떤 통화로 환전하고 싶으십니까?

- currency(통화) 관련 단어 : KRW(Korean won)(한화), USD(US dollar)(미국달러), EUR(Euro)(유로화), GBP(British pound)(영국 파운드)

→ 대답 **Please change U.S dollars into Euros.** 미화를 유로로 바꿔주세요.

2 What's the exchange rate between Korean won and US dollars?
한국 원화와 미국 달러 사이의 환율은 얼마입니까?

- exchange rate : 환율 • between A and B : A와 B 사이에

→ 대답 **It is 1,200 Korean won per US dollar.** 1달러당 한화로 1200원입니다.

3 Where can I exchange money?
환전은 어디에서 할 수 있나요?

→ 대답 **You can exchange money at the currency exchange over there.** 저쪽에 있는 환전소에서 환전하시면 됩니다.

→ 유사 표현 **Where is the currency exchange?** 환전소는 어디에 있어요?

4 How would you like your currency?
환전금액을 어떻게 드릴까요?

- 미국 달러의 지폐로는 1, 2, 5, 10, 20, 50, 100이 주로 쓰이는데, 2달러 지폐는 흔하지 않습니다.
- 지폐(bill), 동전(coins)

→ 대답 **Two 20s, five 10s, and ten 1s, please.** 20달러 2장, 10달러 5장, 1달러 10장 주세요.

→ 유사 표현 **How would you like your money(bills / notes)?** 돈을 어떻게 바꿔 드릴까요?

Do you accept Korean won?

한국 돈 받으세요?

외국 면세점(duty-free shop)에서 쇼핑 후 돈을 지불할 때 Do you accept(take) Korean won?(한국 돈 받으세요?) / Can I pay by credit cards?(신용카드로 지불해도 되나요?) 등을 꼭 물어보세요. 물건 값이 현지통화로 표기되어 있으면 How much is this in US dollars?(미국달러로 얼마입니까?)라고 물으면 됩니다.

Dialogue

A : I'd like to buy these, please. How much will it be all together?

B : It's 150 dollars in all. How would you like to pay?

A : I'll pay in cash. Do you accept Korean won?

B : I'm sorry, we only accept US dollars and Euros here.

A : Then I'll have to pay by credit card. **Do you take Visa card?**

B : Certainly, May I check your passport and boarding pass?

A : 이것들을 사고 싶어요. 전부 다 해서 얼마일까요?

B : 전부 150달러입니다. 어떻게 지불하시겠어요?

A : 현금으로 낼게요. 한국 돈 받으세요?

B : 죄송합니다. 여기에서는 미화와 유로화만 받습니다.

A : 그러면 신용카드로 지불해야겠네요. 비자카드 받습니까?

B : 물론이죠. 여권과 탑승권을 확인해도 될까요?

표현·단어

- pay in cash 현금으로 지불하다
- accept 받다, 받아들이다(= take)

Today's Question 면세점쇼핑 duty-free shop

1 How much is it all together?
이것 전부 다 해서 얼마일까요?

→ 대답 It's 250 dollars all together. 전부 다 해서 250불입니다.
→ 유사 표현 How much is it in total? 총 얼마예요?
→ 응용 표현 How much is this in US dollars? 이것은 미국달러로 얼마입니까?

2 How would you like to pay?
어떻게 돈을 지불하시겠어요?

• pay : 지불하다 • pay in cash : 현금으로 지불하다 • pay by credit card : 신용카드로 지불하다

→ 대답 I want to pay by credit card. 신용카드로 지불하고 싶어요.
→ 응용 표현 Can I pay in Korean won? 한화로 지불해도 되나요?

3 What is the purchase limit at the duty-free shop?
면세점에서의 구매한도는 얼마입니까?

• purchase limit : 구매한도 • purchase : (동사)구매하다(= buy) • duty-free shop : 면세점

→ 대답 It is 600 US dollars for one person. 1인당 미화 600달러입니다.
→ 응용 표현 Where is the duty-free shop? 면세점은 어디에 있어요?

4 How many bottles of liquor can I buy?
제가 술은 몇 병 살 수 있나요?

• liquor : 술, 알코올(= alcohol) • tobacco : 담배(= cigarette) • bottle : 병
• up to : ~까지, ~만큼

→ 대답 You can buy up to two bottles. 두 병까지 구입할 수 있습니다.
→ 응용 표현 How many cartons of cigarettes can I buy? 담배는 몇 보루 살 수 있나요?

Can I have some water, please?

물 좀 마실 수 있을까요?

기내에서 음료를 주문할 때는 Can I have some water, please?(제가 물 좀 마실 수 있을까요?) / May I get some coffee?(커피 좀 주시겠어요?) / Will you bring me another beer, please?(맥주 하나 더 갖다 주시겠어요?)라고 하면 됩니다.

Dialogue

A : **Excuse me, please put down the tray table.**
What would you like to drink?

B : **I'd like a coffee with cream and sugar, please.**

A : **We have chicken and curried rice.** Which one would you like?

B : **I'll have the chicken, please.**

A : **Here you are.** Enjoy your meal.

B : **Thank you. By the way,** Could you get me some aspirin later?

A : 실례합니다. 테이블 좀 내려 주세요. 어떤 음료 드시겠어요?
B : 커피로 할게요. 크림과 설탕도 주세요.
A : 닭고기 요리와 카레라이스가 준비되어 있습니다. 어떤 걸로 드시겠어요?
B : 저는 닭고기로 먹겠어요.
A : 여기에 있습니다. 맛있게 드세요.
B : 고마워요. 그런데요, 나중에 아스피린 좀 갖다 주실래요?

표현·단어

- **put down** 내려놓다.
- **tray table** 작은 선반 테이블
- **Enjoy your meal** 식사를 맛있게 드세요(= Enjoy yourself)

Today's Question 기내에서 주문 ordering on the plane

1 What would you like to drink?
어떤 음료 드시겠어요?

➜ 대답 **I'd like a glass of orange juice, please.** 오렌지 주스 한 잔 주세요.

➜ 유사 표현 **Would you like something to drink?** 마실 것 좀 드릴까요?

2 May I get another blanket, please?
담요 하나 더 주실래요?

• May I get another~? : ~을 하나 더 얻을 수 있을까요?, ~하나 더 주실래요?
(= Can I have some~? : ~ 좀 주실래요?)

➜ 대답 **Certainly. I'll get it right away.** 물론이죠. 바로 갖다 드릴게요.

➜ 유사 표현 **Can I have another blanket?** 담요 하나 더 주실래요?

➜ 응용 표현 **Will you bring me a glass of wine, please?** 와인 한 잔 갖다 주실래요?

3 Would you take this away?
이것 좀 치워 주시겠어요?

• take away : 치우다, 가져가다

➜ 대답 **Yes, sir. Do you need anything else?** 네. 알겠습니다. 더 필요한 것 있으세요?

➜ 응용 표현 **I'd like some more water, please.** 물 좀 더 주세요.

4 When do you serve in-flight meals?
기내식 식사는 언제 주시나요?

• in-flight : 기내의 • in-flight meals : 기내식사 • serve : (음식, 음료 등을) 제공하다

➜ 대답 **We'll serve meals in an hour.** 1시간 후에 식사를 제공합니다.

➜ 응용 표현 **Do you serve in-flight meals?** 기내식을 제공합니까?

Please fasten your seatbelt.

좌석벨트를 매 주세요.

자주 듣는 기내안내방송으로 Welcome aboard Korean Air flight number 705 bound for Los Angeles(LA행 대한항공 705편에 탑승하신 것을 환영합니다) / Our flight time to Los Angeles will be 10 hours and 30 minutes after take-off(LA까지 비행시간은 이륙 후 10시간 30분 걸릴 예정입니다) 이륙 전에는 We will be taking off shortly(우리 비행기는 곧 이륙하겠습니다) / Please make sure that your seatbelt is securely fastened(좌석벨트를 매셨는지 확인해 주세요) 등이 있습니다.

Dialogue

A : **Excuse me,** how do I turn on the light?

B : **There is a light button on the seat handle here.**

A : **Thank you. By the way,** do I have to fill out a landing card?

B : **Yes, you need to fill out an arrival card** to go through immigration.

A : **I see. May I have an arrival card and a pen, please?**

B : **Of course.** Please fasten your seatbelt.

A : 실례합니다. 전등을 어떻게 켜야 하나요?

B : 여기 좌석 손잡이에 조명 버튼이 있습니다.

A : 감사합니다. 그런데요, 제가 입국신고서를 작성해야 하나요?

B : 네, 입국 심사를 통과하기 위해선 입국카드를 작성해야 합니다.

A : 알겠습니다. 입국카드와 펜을 주시겠어요?

B : 물론이죠. 좌석벨트를 매 주세요.

표현·단어

- seat handle 좌석손잡이
- fasten your seatbelt 좌석벨트를 매다
- go through immigration 입국 심사를 통과하다 (= pass immigration)

Today's Question 기내에서 on the plane

1 How do I turn on the light?
전등을 어떻게 켜야 하나요?

- turn on the light : 전등을 켜다 ↔ turn off the light : 전등을 끄다

→ 대답 **This is how you turn on the light.** 불은 이렇게 켜는 겁니다.

→ 응용 표현 **How can I turn off the light?** 불을 어떻게 끕니까?

2 Do I have to fill out a landing card?
제가 입국신고서를 작성해야 하나요?

- fill out a form : (양식, 서식)을 작성하다(= fill in : ~을 채우다, 서식을 작성하다)
- landing card : 입국카드(= arrival card/ E&D card). E&D는 Embarkation과 Disembarkation의 줄임말

→ 대답 **Yes, you do. Here is the landing card.** 네, 그래요. 여기 입국카드 있어요.

3 Do you mind pulling your seat forward a little bit?
좌석을 앞으로 조금만 당겨 주시겠어요?

- Do you mind ~ing~?는 직역 시 '~하는 것을 꺼리십니까?'라는 뜻입니다. 이 말은 즉, '~해 주시겠어요?'라는 뜻인데 정중한 요청을 할 때 씁니다. 여기에서 mind는 동사로 '~을 꺼리다', '싫어하다'라는 뜻입니다.
- pull one's seat forward : 좌석을 앞으로 당기다 • lean ~back : 뒤로 젖히다

→ 대답 **No, not at all.** 아니요, 전혀 안 꺼립니다(= 그렇게 해 드릴게요).

→ 응용 표현 **Do you mind if I lean my seat back?** 좌석을 뒤로 살짝 젖혀도 괜찮을까요?

4 Will you put your seat back in the upright position?
좌석을 원래 위치로 되돌려 주시겠어요?

- put~back : ~을 제자리에 돌려놓다 • in the upright position : 똑바로 선 위치로

→ 대답 **Okay, I will.** 네, 그럴게요.

→ 응용 표현 **Can you help me put my bag in an overhead compartment?**
머리 위 짐칸에 가방 넣는 것 좀 도와줄래요?

Bonus page

공항 출입국 절차

❶ **공항 도착(arrival at the airport)**

❷ **탑승 수속하기** : 항공사의 체크인 카운터(check-in counter)에 여권(passport)과 항공권(flight ticket)을 지참하고 갑니다. 짐(baggage)을 부치고, 탑승권(boarding pass)을 받습니다.

❸ **출국(Departure)** : 출국 방향으로 이동하면 보안 검색대(security checkpoint) 통과 시 소지품을 체크합니다. 이후 엑스레이 바디스캐너(X-ray body scanner)를 통과하는데 여권과 탑승권은 손에 들고 있어야 합니다.

❹ **면세점(duty-free shop) 도착** : 쇼핑 시 여권과 탑승권이 필요합니다.

❺ **탑승구(boarding gate) 찾아가기** : 탑승시간(boarding time)과 출발시간(departure time)을 확인하세요. 탑승은 출발 30분 전부터 시작합니다.

❻ **비행기 탑승(Boarding)** : 좌석번호(seat number)를 찾아 앉고 기내용 가방(carry-on bags)은 좌석 아래 혹은 머리 위 선반 짐칸(overhead compartment)에 넣습니다. 이후 음료와 식사주문(ordering) 및 기타 도움을 요청합니다(Asking for help).

❼ **기내에서(on the plane)** : 입국신고서(landing card)와 세관신고서(customs declaration form)를 작성하고 기내에서 면세품을 구입합니다.

❽ **착륙(landing)** : 공항에 도착합니다.

❾ **입국심사(Immigration)** : 여권과 입국 신고서를 제출합니다.

❿ **수화물 찾기(Baggage Claim)** : 안내판에서 항공편 번호(flight Number)와 수화물 도착(Baggage arrival) 이동 벨트 번호를 확인한 후 가서 가방을 수거합니다.

⓫ **세관검색대(Customs Control) 통과** : 가방을 열고 검색하는 경우도 있습니다. 술, 담배, 고가 물건 등을 확인합니다.

⓬ **공항 마중(airport pick-up service)**

⓭ **차량으로 이동(airport shuttle)**

⓮ **호텔 도착** : 호텔 투숙 절차(Hotel Check-in) 진행

공항 입국심사 및 세관 절차에 필요한 표현

01. ***Take off*** your outer(jacket) and put it in the basket.
　걷옷을 벗어서 바구니에 넣어 주세요.

02. Please ***empty*** your pockets. 주머니를 비워 주세요.

03. ***Put*** all your belongings ***in*** the basket. 모든 소지품을 바구니에 넣으세요.

04. Please step over here. 이쪽으로 오세요.

05. Step back, please. 뒤로 물러나 주세요.

06. ***Go through*** the gate one more time. 문을 한 번 더 통과해 주세요.

07. Do you have any items to declare? 세관 신고할 물건이 있나요?

08. Do you have any liquor or cigarettes with you?
　주류나 담배를 소지하고 있나요?

09. Please open your suitcase. 여행가방을 열어 주세요.

10. Where is the baggage claim area? 수화물 찾는 곳은 어디입니까?

입국카드(E&D Card) 작성 *Embarkation & Disembarkation Card / Landing card / Arrival card*

1. Family Name / Last name / Surname(성) :
2. Given Name / First Name(이름):
3. Passport Number(여권번호):
   Place of Issue(발급장소) : Date of Issue(발급날짜) :
4. Date of Birth(생년월일) : _______Year(년)_____Month(월)_____Day(일)
5. Place of Birth(출생지) :
6. Nationality / Country of citizenship(국적) :
7. Sex / Gender(성별) : ☐ Male(남성) ☐ Female(여성)
8. Flight / Vessel No.(항공편명 번호) :
   Arriving from / Port of Origin(출발지) :
   Date of Arrival(도착 날짜) :
9. Occupation(직업) :
10. Visa Type(비자 유형) :
    ☐ Diplomatic(외교관) ☐ Student(학생) ☐ Resident(거주민)
    ☐ Visitor(방문객) ☐ Visa Exempt(비자면제) ☐ Others(기타)
11. Entry Permit(입국허가) / Visa Number(비자번호):
12. Home address / Present address(현주소) :
13. Address in USA(미국 내 주소) :
14. Contact Number / Telephone(연락처) :
15. Purpose of Visit(방문목적) :
    ☐ Business(사업) ☐ Sightseeing / Tourist(관광) ☐ Vacation (휴가)
    ☐ Visit Relative(친척 방문) ☐ Conference / Convention(국제회의)
    ☐ Study(공부) ☐ Exhibition(전시) ☐ Official(공무)
    ☐ Medical Care(병원 치료) ☐ Others(기타)
    ☐ Transit to(목적지 / 환승인 경우) :
16. Duration of Stay / Length of Stay(체류기간) :
17. Signature(서명) :

What's the purpose of your visit?

방문 목적은 무엇입니까?

외국공항 입국심사를 통과할 때 여권(passport), 탑승권(boarding pass), 입국카드(arrival card)를 보여주며 자주 듣는 인터뷰질문은 What's the purpose of your visit?(방문목적이 뭡니까?)입니다.

Dialogue

A : May I see your passport and entry card, please?

B : Here you are.

A : Where are you from? Is this your first visit to America?

B : I am from Seoul, Korea. Yes, it's my first time here.

A : What's the purpose of your visit?

B : I am here for a vacation with my family.

A : 여권과 입국카드 좀 보여 주시겠어요?

B : 여기에 있습니다.

A : 어디에서 오셨습니까? 미국은 처음 방문입니까?

B : 저는 대한민국 서울에서 왔습니다. 네, 여기 처음 옵니다.

A : 방문 목적은 무엇입니까?

B : 가족들과 휴가를 보내기 위해서 왔습니다.

표현·단어

- **entry card** 입국카드 (=landing card)
- **purpose** 목적
- **holiday** 휴가

Today's Question 입국 인터뷰 Immigration Interview

1 May I see your passport and entry card, please?

여권과 입국카드 좀 보여 주시겠어요?

→ 대답 **Certainly, here they are.** 물론이죠. 여기에 있어요.

→ 응용 표현 **What's your nationality?** 국적이 어디입니까?

2 What is the purpose of your visit?

당신의 방문 목적이 뭡니까?

• 대답으로 I am here for sightseeing(관광차 왔어요) / I'm here to study(공부하러 왔어요) / I am here on business(사업차 왔어요) / I'm here for a vacation(휴가를 위해서 왔어요) 등이 있습니다.

→ 대답 **Just traveling. I am here on a package tour.** 여행 중이요. 패키지 투어로 왔어요.

→ 유사 표현 **What's the purpose of your trip?** 여행 목적이 뭐예요?

3 How long are you going to stay in the United States?

미국에 얼마나 오래 체류할 예정인가요?

→ 대답 **I'm going to stay for about 10 days.** 약 10일 동안 있을 거예요.

→ 응용 표현 **Where will you be staying?** 어디에 머무를 예정입니까?
What's your final destination? 당신의 최종 목적지는 어디입니까?

4 Can I see your return ticket?

귀국 항공권 좀 보여 주시겠어요?

• return ticket : 왕복표(=round trip ticket) • one-way ticket : 편도표

→ 대답 **Sure, here it is.** 그럼요. 자, 여기에 있습니다.

→ 유사 표현 **Do you have a return ticket?** 돌아가는 비행기 표 있으신가요?

→ 응용 표현 **How much cash do you have with you?** 현금은 얼마나 가지고 있나요?

Where is the baggage claim area?

수화물 찾는 곳은 어디에요?

외국공항에 도착해서 입국심사(Immigration)를 통과한 후, 수화물(Baggage)을 찾고 세관신고대(Customs Declaration)를 통과합니다. 수화물 찾는 곳은 Baggage Claim Area, 수화물표는 Claim Ticket / Claim Tag, 수화물벨트는 Carousel(=conveyor belt)라고 하니 꼭 알아두세요.

Dialogue

A : **Excuse me.** Where is the baggage claim area for KE 708?

B : **Let me see.** You can pick up your baggage at carousel 5.

Go straight and take the escalator down **to the first floor.**

A : **Do I have to go down to the first floor?**

B : **Yes, You can find the carousel 5 there.** You can't miss it.

A : **I see. Thank you very much.**

B : **Not at all.**

A : 실례합니다. 대한항공 708편 수화물 찾는 곳은 어디입니까?

B : 어디 봅시다. 수화물은 5번 수화물 운반 벨트에서 찾으실 수 있습니다.

곧장 가서 에스컬레이터를 타고 1층으로 내려가세요.

A : 1층으로 내려가야 하나요?

B : 네. 거기에 5번 수화물 벨트가 있어요. 그곳은 찾기 정말 쉽습니다.

A : 알겠습니다. 대단히 감사합니다.

B : 천만에요.

표현·단어

- **go straight** 곧장 가시오.
- **take the escalator down** 에스컬레이터를 타고 내려가시오.

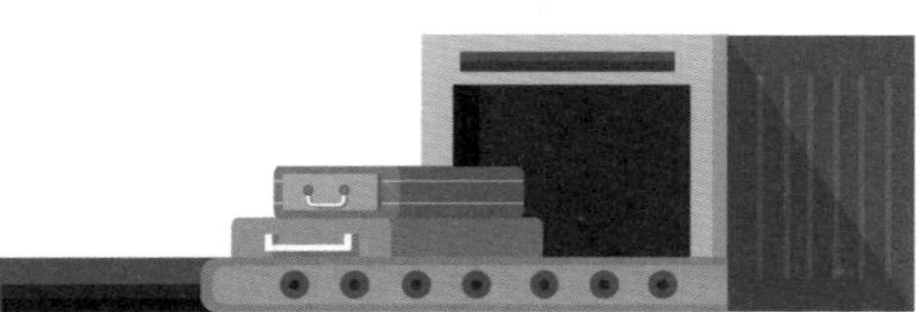

Today's Question 짐 찾기 및 세관신고 baggage claims

1 Where is the baggage claim area?

수화물 찾는 곳은 어디입니까?

→ 대답 **What's your flight number? Oh, you can get it at carousel 3.**
항공편 번호가 뭐예요? 아, 수화물 운반 벨트 3번에서 찾을 수 있어요.

→ 유사 표현 **Where can I pick up my luggage?** 짐은 어디에서 찾을 수 있습니까?
Where can I find(get) my baggage? 수화물은 어디에서 찾나요?

2 I can't find my baggage. Will you help me find my bag, please?

제 짐을 찾을 수가 없어요. 가방 찾는 것 좀 도와주실래요?

→ 대답 **Okay. Do you have a baggage claim tag?** 좋아요. 수화물 표를 가지고 있어요?

→ 응용 표현 **My suitcase is missing** 제 여행 가방이 없어졌어요.
My baggage hasn't come out yet. 제 짐이 아직 안 나왔어요.

3 My suitcase is damaged. Where can I make a claim for the damage?

제 가방이 파손되었어요. 어디에서 손해 배상을 청구할 수 있나요?

• damaged : 손상된, 피해 입은 • make a claim for the damage : 손해 배상을 청구하다

→ 대답 **Let me help you. Please fill out this form first.**
제가 도와드릴게요. 우선 이 서식을 작성해 주세요.

4 Do you have your customs declaration form?

세관신고서를 주시겠어요?

• customs declaration form : 세관신고서 • declare : (세관)신고하다

→ 대답 **Yes, here it is.** 네, 여기에 있습니다.

→ 응용 표현 **Do you have anything to declare?** 세관 신고할 것 있습니까?

Did you make a reservation?

예약하셨나요?

호텔에 도착해서 I'd like to check in, please(투숙하고 싶어요) / Can I check in now?(지금 체크인이 됩니까?)라고 말하면 Did you make a reservation? / Do you have a reservation?(예약하셨나요?) / How long will you be staying?(얼마나 머무르실 겁니까?) 등을 자주 물어봅니다.

ialogue

A : Good afternoon. I'd like to check in, please.

B : Do you have a reservation? May I see your passport?

A : Yes, I made a reservation under the name of Kim, Mira. Here it is.

B : Alright. How long will you be staying?

A : Three nights. I'd like a room with an ocean view, please.

B : Let me see if there are any rooms available.

A : 안녕하세요. 체크인을 하고 싶은데요.

B : 예약은 하셨나요? 여권 좀 보여 주시겠어요?

A : 네, 김미라 이름으로 예약했습니다. 여기에 있어요.

B : 알겠습니다. 얼마나 오래 머무르실 겁니까?

A : 3박입니다. 바다가 보이는 방으로 주세요.

B : 사용 가능한 방이 있는지 확인해 보겠습니다.

표현·단어

- ocean view 바다 전망
- garden view 정원 전망
- mountain view 산 전망
- available 이용 가능한, 사용 가능한, (시간) 여유가 있는

Today's Question 호텔 투숙 Hotel Check-in

1 Do you have a reservation?

예약은 하셨나요?

→ 대답 Yes, I do. My name is Younghee Lee. 네, 제 이름은 이영희입니다.

→ 유사 표현 Did you make a reservation? 예약은 하셨나요?

2 How long will you be staying?

얼마나 오래 머무르실 겁니까?

- stay at a hotel : 호텔에 체류하다

→ 대답 I'm going to stay for a week. 일주일 동안 머무를 예정입니다.

→ 유사 표현 How long are you going to stay? 얼마나 오래 체류할 예정인가요?

3 What kind of accommodation do you usually use when you travel?

당신은 여행할 때 주로 어떤 숙박을 이용합니까?

- accommodation : 숙박 • guest house : 게스트하우스, 민박(= B&B: Bed & Breakfast)
- rooming house : 팬션 같은 가구 딸린 숙박

→ 대답 I usually use a rooming house when I travel in Korea, but I stay at a hotel when I go abroad.
국내 여행을 할 때는 주로 펜션을 이용해요. 하지만 해외에 갈 때는 호텔에 머물러요.

4 How do I connect to Wi-Fi?

와이파이 연결은 어떻게 하나요?

- connect to : ~에 연결하다

→ 대답 This is the Wi-Fi password. 이것이 와이파이 비밀번호입니다.

→ 유사 표현 How do I use Wi-Fi? 와이파이는 어떻게 사용하나요?

Can I order room service now?

지금 룸서비스 주문 가능한가요?

호텔 객실에서 룸서비스가 가능한지 물어볼 때 사용 가능한 표현으로는 Can I order room service now?(지금 룸서비스 주문 가능한가요?/ Is room service available now?(지금 룸서비스 가능합니까?) / Do you have room service now?(지금 룸서비스 됩니까?) / I'd like to order some room service, please(룸서비스로 주문하고 싶어요) 등이 있습니다.

Dialogue

A : Hello, room service. How may I help you?

B : I'd like to order some food. Can I order room service now?

A : Yes sir. What can I get you?

B : I'd like to have a Hawaiian pizza and fried chicken, please.
How long will it take?

A : It will take about 30 minutes. Is that okay for you?

B : Yes, that's fine. Would you bring me some boiling water as well?

A : 안녕하세요. 룸서비스입니다. 어떻게 도와드릴까요?

B : 음식을 좀 주문하고 싶은데요. 지금 룸서비스 주문 가능합니까?

A : 네, 가능합니다. 무엇을 드시겠습니까?

B : 하와이언 피자와 프라이드 치킨을 해 주세요. 얼마나 걸릴까요?

A : 30분 정도 걸릴 겁니다. 괜찮을까요?

B : 네, 괜찮습니다. 끓는 물도 좀 갖다 주시겠어요?

표현·단어

- **What can I get you?** 뭘 갖다드릴까요?(= What would you like? : 무엇을 드시겠어요?)
- **How long will it take?** 얼마나 걸릴까요?(여기에서 take는 '~(시간이) 걸리다'라는 뜻)

Today's Question 호텔 룸서비스 room service

1 Can I order room service now?
지금 룸서비스 주문 가능합니까?

- order : (명사)주문, (동사)주문하다

→ 대답 I'm sorry, room service is finished now. 지금 룸서비스는 끝났습니다.

→ 유사 표현 Is room service available now? 지금 룸서비스 이용이 가능한가요?

2 Would you bring me some boiling water?
끓는 물 좀 갖다 주시겠어요?

- boiling water : 끓는 물 • hot water : 뜨거운 물

→ 대답 Certainly, I will bring it to you right away. 물론이죠. 당장 갖다드릴게요.

3 What time is room service available?
룸서비스는 몇 시까지 가능한가요?

- available : 이용 가능한, 사용 가능한

→ 대답 You can order food until 11:30 p.m. with room service.
룸서비스로 음식주문은 밤 11시 30분까지 할 수 있습니다.

4 I don't think housekeeping cleaned my room. Can you make up my room, please?
방 청소를 하지 않은 것 같아요. 제 방을 청소해 주시겠어요?

- clean room : 방청소하다(= make up room : 객실을 정리정돈하다, 청소하다)

→ 대답 Oh, really? I am so sorry. I'll be right there to check.
오, 그렇습니까? 죄송합니다. 바로 가서 확인하겠습니다.

→ 응용 표현 Have you ever used room service in a hotel?
호텔에서 룸서비스를 이용해 보신 적이 있습니까?

The air conditioner doesn't work.

에어컨이 작동이 안 돼요.

호텔 체류 중에 에어컨이 안 되면 The air conditioner doesn't work(에어컨이 작동이 안 돼요)라고 하는데, 여기에서 work는 '(기계 등이) 작동하다(=operate), 가동되다'라는 뜻입니다. The heater is not working(히터가 안 되고 있어요)와 같이 진행형으로 말해도 됩니다. It's out of order(고장 났어요)라는 표현도 있습니다.

Dialogue

A : Front Desk. May I help you?

B : The air conditioner in my room doesn't work.

A : Oh, really? I'll send someone to check it out right away.

B : One more thing. The hair dryer is out of order. Can you replace it?

A : Certainly. Sorry for the inconvenience. What's your room number?

B : This is Room 805(eight hundred five)

A : 프런트 데스크입니다. 무엇을 도와드릴까요?
B : 제 방의 에어컨이 작동이 안 돼요.
A : 오, 그렇습니까? 당장 사람을 보내 확인해 드리겠습니다.
B : 한 가지 더 있어요. 헤어드라이기가 고장 났어요. 그것을 교체해 줄 수 있어요?
A : 물론입니다. 불편하게 해 드려 죄송합니다. 방 번호가 몇 번입니까?
B : 여기는 805호실입니다.

표현·단어

- **check it out** 그것을 확인하다, 점검하다
- **replace** 교체하다
- **inconvenience** 불편함, 애로

Today's Expressions 호텔 불편사항 inconveniences in a hotel

1 The minibar in the room is not working.

방의 소형냉장고가 작동이 안 돼요.

- minibar : (호텔 객실의) 소형냉장고 • refrigerator : 냉장고(= fridge)
- complimentary : 무료로 제공하는(= free of charge : 무료의, 요금이 없는)

→ 응용 표현 **Are water and coffee complimentary?** 물과 커피는 무료입니까?
The minibar is out of order. 미니바가 고장 났어요.

2 There is no hot water in the bathroom.

욕실에서 온수가 안 나와요.

- bathroom : 욕실, 화장실 • bathtub : 욕조 • soap : 비누 • shampoo & hair conditioner : 샴푸와 린스

→ 유사 표현 **I can't get any hot water in the bathroom.** 욕실에서 뜨거운 물이 안 나와요.

→ 응용 표현 **The drain in the bathtub is blocked.** 욕조 안의 배수구가 막혔어요.

3 The sink is clogged in the bathroom.

욕실의 세면대가 막혔어요.

- clog : (동사)막다 • be clogged : 막히게 되다, ~이 막히다(= be plugged/ be blocked)

→ 대답 **The toilet is clogged.** 변기가 막혔어요.
The toilet doesn't flush well. 변기의 물이 잘 안 내려가요.

4 There's something wrong with the television.

텔레비전에 뭔가 문제가 있어요.

- There's something wrong with + 명사 : ~에 이상이 있다, 고장 났다, 문제가 있다

→ 응용 표현 **Something smells strange (funny) in my room.** 방에서 이상한 냄새가 나요.
The TV is not working. TV가 안 나와요.

Free Talking Questions 9

자신의 상황에 맞게 자유롭게 질문하고 대답해 보세요.

01. *Where is your final destination?*

02. *What currencies do you accept?*

03. *How much is this in US dollars?*

04. *Would you like something to drink?*

05. *Do you mind pulling your seat forward a little bit?*

06. *Do you mind if I lean my seat back?*

07. *What's the purpose of your visit?*

08. *How long are you going to stay in the United States?*

09. *Where can I pick up my luggage?*

10. *Has your baggage been lost or damaged at the airport?*

11. *Have you ever stayed at a hotel?*

12. *What's the best hotel you've ever stayed at?*

13. *How do I connect to Wi-Fi?*

14. *Have you ever used room service in a hotel?*

15. *Was there any inconvenience in this hotel?*

1. 최종 목적지는 어디입니까?
2. 어떤 통화를 받으시나요?
3. 이것은 미국 달러로 얼마입니까?
4. 마실 것 좀 드릴까요?
5. 좌석을 앞으로 조금만 당겨 주시겠어요?
6. 좌석을 뒤로 살짝 젖혀도 괜찮을까요?
7. 당신의 방문 목적이 무엇입니까?
8. 미국에 얼마나 오래 체류할 예정인가요?
9. 짐은 어디서 찾을 수 있습니까?
10. 공항에서 당신의 짐이 분실되거나 파손된 적이 있습니까?
11. 호텔에 체류해 본 적이 있나요?
12. 당신이 묵은 호텔 중 가장 좋은 곳은 어디였습니까?
13. 와이파이 연결은 어떻게 하나요?
14. 호텔에서 룸서비스를 이용해 본 적이 있습니까?
15. 이 호텔에서 불편한 점이 있었나요?

Bonus page

호텔 불편 사항과 관련된 표현

01. My room is messy. Did you ***make it up?*** 제 방이 지저분해요. 방 청소 했나요?
02. My room ***needs to be cleaned***, please. 제 방을 청소해 주세요.
03. Please make up my room. 방 좀 청소해 주세요.
04. There is a stain on the bed sheet. Can you replace it?
    침대 시트에 얼룩이 있어요. 교체해 줄 수 있나요?
05. There's hair on the pillow. Is this bed really clean?
    베개에 머리카락이 있어요. 침대가 정말 깨끗한 겁니까?
06. The hot water is not hot enough. 온수가 충분히 뜨겁지 않아요.
07. The toilet is dirty. 변기가 더러워요.
08. The window won't open. 창문이 안 열려요.
09. The room is cold. Isn't the heater working? 방이 추워요. 히터가 안 나옵니까?
10. ***Can I have some more*** towels, please? 수건을 더 주실 수 있나요?
    (= Can you give me more towels?)
11. ***May I get more(extra)*** blankets? 이불 좀 더 가져다주실래요?
12. ***I need some*** extra towels, please. 수건이 좀 더 필요합니다.
13. There is no toilet paper. 화장지가 없어요.
14. ***Can you bring me some*** toilet paper? 화장지 좀 가져다주시겠어요?
15. ***Is there a charge for*** the minibar? 소형 냉장고 이용 시 돈을 내야 하나요?
16. I left my key in the room.(= I'm locked out of my room) 방에 열쇠를 놓고 나왔어요.
17. I lost my room key. 방 열쇠를 잃어버렸어요.
18. Do you have a spare key? 비상 열쇠 있나요?
19. Do you have laundry service? 세탁 서비스 합니까?
20. Do you have shuttle service to the airport? 공항에 가는 셔틀 서비스가 있나요?
21. ***There is something wrong with*** this bill. 계산서에 뭔가 잘못되었어요.
22. The room next door is too noisy(loud). 옆방이 너무 시끄러워요.
23. Can you keep it down a little, please? 조금만 조용히 해 주시겠어요?
24. ***I'd like to*** change rooms, please. 방을 바꾸고 싶습니다.
25. Can I use free Wi-Fi at this hotel? 이 호텔에서는 무료 와이파이를 사용할 수 있나요?
26. ***Is free Wi-Fi available*** at this hotel? 이 호텔에서는 무료 와이파이가 사용 가능해요?
27. Can I get free Wi-Fi in my room? 방에서 무료 인터넷이 되나요?
28. ***How can I access*** the Free Wi-Fi? 무료 와이파이는 어떻게 접속하나요?
29. ***How can I connect to*** the Internet? 인터넷 연결은 어떻게 합니까?
30. Does my room have access to the Internet? 제 방에서 인터넷 접속이 됩니까?

How many are in your party?

일행이 몇 명입니까?

호텔에서 아침식사를 할 경우 식당입구에서 웨이터가 이렇게 물어봅니다. How many are in your party?(일행이 몇 명입니까?) / How many are with you?(몇 명이 함께 왔나요?) / Do you have any company?(일행이 있습니까?). 그리고 식탁으로 안내하죠. 여기서 party는 '일행, 무리'라는 뜻입니다.

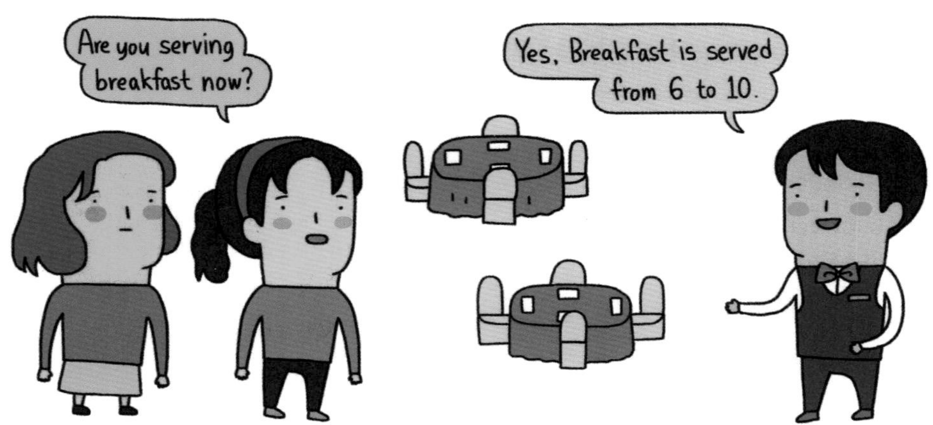

Dialogue

A : Good morning, How many are in your party?

B : There are four of us. Are you serving breakfast now?

A : Yes, Breakfast is served from 6 to 10.
Please write down your room number and sign here.

B : Okay, here you go. Can we have a table by the window?

A : Of course, This way, please. I'll take you to a good table.

B : Thank you. That's very kind of you.

A : 좋은 아침입니다. 일행이 몇 명입니까?

B : 네 명입니다. 지금 아침식사를 제공합니까?

A : 네. 아침식사는 오전 6시부터 10시까지 제공됩니다.
여기에 객실번호를 적으시고 사인해 주세요.

B : 좋아요. 여기요. 창문 옆 테이블로 앉아도 될까요?

A : 물론이죠. 이쪽으로 오세요, 제가 좋은 자리로 모시겠습니다.

B : 감사합니다. 참 친절도 하시네요.

표현·단어

- write down
  ~을 적다, 기록하다
- This way, please
  이쪽으로 오세요(= Come this way, please / Follow me, please).

Today's Question 호텔 아침식사 breakfast in a hotel

1 How many are in your party?

일행이 몇 명입니까?

• party : 일행(=company), 패, 무리(=group)

➜ 대답 **There are three of us.** 우리는 셋입니다.

2 Are you serving breakfast now?

지금 아침식사를 제공합니까?

• serve : (식사, 차 등을) 제공하다. 차려 주다, 시중들다

➜ 대답 **No, not now. We serve breakfast from 6 to 10.**
아니요. 지금은 아닙니다. 저희는 아침식사를 6시에서 10시까지 제공합니다.

➜ 응용 표현 **When is breakfast available?** 아침식사는 언제 가능합니까?
What time can I have breakfast? 몇 시에 아침식사를 할 수 있나요?

3 Would you like some coffee or tea before breakfast?

아침식사 전에 커피나 차를 드시겠습니까?

• Would you like some + 명사~? : ~좀 드시겠습니까?(음식을 권할 때 자주 쓰는 표현)

➜ 대답 **I'd like coffee with milk, please.** 우유와 함께 커피 주세요.

➜ 응용 표현 **What would you like for breakfast?** 아침식사로 뭐 드시겠어요?

4 How would you like your eggs?

계란을 어떻게 요리해 드릴까요?

• fried eggs 관련 표현 : Sunny-side up(한쪽만 후라이 한), Over-easy(계란후라이 반숙한), Over-hard(전체를 다 익힌), Scrambled(스크램블), Soft boiled(반숙으로 삶은), Hard boiled(완숙으로 삶은), Omelet(오믈렛)

➜ 대답 **I'd like two eggs sunny-side up, please.** 계란 두 개 반숙으로 후라이해 주세요.

What do you recommend here?

여기에서 뭘 추천해 줄래요?

식당에서 주문할 때 Will you take our order, please?(우리 주문 좀 받을래요?) / May I take your order, please?(주문하시겠어요?) / Are you ready to order now?(주문할 준비가 되었나요?) 등이 있습니다. 음식추천을 받고 싶으면 What do you recommend here?(여기서 뭘 추천해 줄래요?)라고 합니다.

Dialogue

A : Excuse me, waiter. Will you take our order, please?

B : Yes. Are you ready to order now? What would you like to have?

A : What is good here? What do you recommend?

B : Well, we serve a very good tenderloin steak. It's the best dish here.

A : That's great. What's today's special?

B : Today's special is oriental stir fried seafood.

A : 실례합니다. 웨이터. 우리 주문 좀 받을래요?

B : 네. 주문할 준비가 되셨나요? 무엇을 드시겠습니까?

A : 여기는 뭐가 맛있어요? 여기에서 뭘 추천해 줄래요?

B : 음, 저희는 안심 스테이크를 아주 잘합니다. 여기에서 최고의 요리입니다.

A : 그것 좋네요. 오늘의 특별 요리는 뭡니까?

B : 오늘의 특별 요리는 오리엔탈 해산물 볶음요리입니다.

표현·단어

- take one's order 주문을 받다
- recommend 추천하다
- tenderloin steak 안심스테이크
- sirloin steak 등심스테이크

Today's Question 저녁식사 주문 ordering dinner

1 What would you like (to have)?

무엇을 드시겠습니까?

- 주문받을 때 웨이터가 자주 쓰는 말로 'to have'는 생략이 가능합니다. 유사표현은 What will you have?(뭐 드실래요?) / What will it be?(무엇을 드릴까요?) / What can I get you?(뭘 갖다 드릴까요?) / May I take your order?(주문하시겠어요?) 등이 있습니다.

→ 대답 **I'd like a sirloin steak, please.** 등심스테이크로 주세요.

2 What do you specialize in at this restaurant?

이 식당에서 전문으로 하는 게 뭡니까?

→ 대답 **The house specialty is tenderloin steak with baked potatoes and grilled lobster.**
저희 집 특선요리는 구운 감자와 바닷가재구이가 곁들여 나오는 안심스테이크입니다.

→ 유사 표현 **What's your best dish here?** 여기서 가장 잘하는 요리가 뭡니까?

3 Can you recommend some good food here?

여기에서 맛있는 음식 좀 추천해 주실래요?

→ 대답 **Sure, What kind of food do you like? meat, fish, vegetables, rice, or noodles?**
물론이죠. 어떤 음식을 좋아하세요? 고기, 생선, 야채, 밥, 또는 국수?

→ 유사 표현 **Is there anything you recommend here?** 여기서 추천할 게 있나요?

4 How would you like your steak?

스테이크를 어떻게 해 드릴까요?

- steak(스테이크) 요리 표현 : Well-done(잘 익은), Medium(중간으로 익힌), Medium Rare(미디엄과 레어의 중간), Rare(살짝 익힌, 덜 익은)

→ 대답 **I'd like my steak medium, please.** 제 스테이크는 중간 정도로 구워 주세요.

→ 응용 표현 **What kind of dressing would you like?** 드레싱은 어떤 걸 드시겠어요?

ch93.mp3

chapter
93

Can I get a refund on this?

이것 환불받을 수 있어요?

외국에서 물건을 구입했는데 흠이 있거나(defective) 사이즈가 맞지 않아(wrong size) 환불(refund)이나 교환(exchange)하고 싶을 때 Can I get a refund on this?(이것 환불받을 수 있어요?) / Is this refundable?(이거 환불 가능해요?) / Can I exchange this?(이것 교환할 수 있어요?)라고 합니다.

What's the matter with it?
Well, this size doesn't fit me.
XS

Dialogue

A : Hello, May I help you?

B : I'd like to return this shirt. Can I get a refund on this?

A : What's the matter with it?

B : Well, this size doesn't fit me, and I don't feel comfortable in it.

A : Do you have the receipt? Did you pay in cash or by credit card?

B : Yes, I have the receipt here. I paid in cash.

A : 안녕하세요, 도와드릴까요?

B : 이 셔츠를 반납하고 싶습니다. 이것을 환불받을 수 있을까요?

A : 문제가 뭔가요?

B : 글쎄요, 사이즈가 맞지 않아요. 그리고 입으면 편하지 않아요.

A : 영수증 가지고 있으신가요? 현금으로 지불했나요, 아니면 신용카드로 지불했나요?

B : 네, 영수증 여기에 있어요. 현금으로 냈어요.

표현·단어

- return 돌려주다, 되돌리다
- fit (크기, 규격, 상황)에 맞다
- comfortable 편안한
  uncomfortable 불안한

Today's Question 환불 및 교환하기 refund & exchange

1 Can I get a refund on this?
이것을 환불받을 수 있나요?

- get a refund on : ~에 대해 환불받다 • non-refundable : 환불 안 되는

→ 대답 I'm sorry. You have purchased a non-refundable item.
죄송합니다. 당신은 환불 안 되는 제품을 구입하셨네요.

→ 응용 표현 Can I exchange this? 이것을 교환할 수 있나요?

2 Do you have the receipt?
영수증 가지고 있나요?

→ 대답 Yes, I do. Here it is. 네, 있어요. 여기에 있습니다.

→ 응용 표현 I need a receipt, please. 영수증 필요해요.

3 What are the terms of refund for this item?
이 물건의 환불 조건은 무엇입니까?

- terms : (계약. 합의 등의) 조건, 지불 조건(= conditions) • item : 물건, 품목, 물품

→ 대답 You can get a refund if the item is defective, but you need your receipt.
물건이 불량인 경우 환불받을 수 있습니다. 하지만 영수증이 필요합니다.

4 Can I exchange this jacket for a lager size?
이 재킷을 더 큰 사이즈로 교환할 수 있을까요?

- exchange A for B : A를 B로 교환하다 • try on : ~을 입어 보다

→ 대답 Yes, will you try on the lager size? 네, 더 큰 사이즈로 입어 보실래요?

→ 응용 표현 The size doesn't fit me. 사이즈가 맞지 않아요.
Have you ever exchanged things simply because you changed?
단순변심으로 물건을 교환해 본 적이 있습니까?

What time does the gym open?

헬스장은 몇 시에 열어요?

호텔시설(hotel facilities)을 이용할 때 자주 쓰는 표현은 What time does the gym open?(헬스장은 몇 시에 열어요?) / Is there a convenience store here?(여기에 편의점이 있어요?) / Is there a charge for using the tennis court?(테니스장 이용하는 데 요금이 부과됩니까?)입니다.

Dialogue

A : Hello, what can I do for you?

B : I'd like to use some hotel facilities.
What time does the gym open?

A : The gym is open from 6 a.m. until 11p.m.

B : That's great! Is there a charge for using the gym?

A : No, it's free of charge for the guests.

B : Oh, I see. Thanks. By the way, how late is the dining room open?

A : 안녕하세요, 무엇을 도와드릴까요?

B : 호텔시설을 좀 이용하고 싶은데요. 헬스장은 몇 시에 열어요?

A : 헬스장은 오전 6시부터 밤 11시까지 열려 있습니다.

B : 그것 좋군요. 헬스장 이용하는 데 요금을 부과합니까?

A : 아니요, 투숙객들에게는 무료입니다.

B : 오, 알겠어요. 감사합니다. 그런데요, 식당은 몇 시까지 열어요?

표현·단어

- hotel facilities 호텔 시설물
- from A until (=to) B A에서 B까지
- charge 요금, 요금 부과
- free of charge 무료의, 요금이 없는

Today's Question 호텔시설 이용 using hotel facilities

1 What time does the gym open?
헬스장은 몇 시에 열어요?

• 호텔시설 : 휘트니스센터(fitness center, gym), 테니스장(tennis court), 식당(restaurant), 스파(spa), 편의점(convenience store), 마사지치료(MT. massage therapy), 기념품가게(souvenir shop)

→ 대답 The gym opens at 6 a.m, and closes at 11 p.m.
헬스장은 오전 6시에 열어서 밤 11시에 닫습니다.

2 Is there a charge for using the gym?
헬스장을 사용하는 데 요금이 부과됩니까?

• charge : 요금 • free of charge : 무료의

→ 대답 No, there's not. It's free of charge. 아니요, 무료입니다.

3 What time is the swimming pool open?
수영장은 몇 시에 개방되어 있어요?

→ 대답 It's open from 7 a.m. to 9 p.m.
오전 7시부터 오후 9시까지 개방합니다.

→ 유사 표현 When is the swimming pool open? 수영장은 언제 개방되나요?

4 Do I need to make a reservation to use the spa?
스파를 이용하려면 예약해야 합니까?

• make a reservation : 예약을 하다 • set the time : 시간을 정하다

→ 대답 Yes, you should make a reservation on the phone and set the time.
네, 전화로 예약하여 시간을 정해야 합니다.

→ 응용 표현 Can I get information brochures about hotel facilities?
호텔시설에 관한 안내책자를 구할 수 있을까요?

Will you charge it to my room?

계산은 방으로 해 줄래요?

호텔(hotel)이나 리조트(resort)에서 식당이나 시설물을 이용 시 요금을 낼 때 Will you charge it to my room?(계산은 제 방으로 해 줄래요?)이라고 말해 보세요. 그럼 퇴실할 때 한꺼번에 계산합니다.

Dialogue

A : Hi, Can I get something to drink here?

B : Certainly. Here is the menu. What will you have? Take your time.

A : Thanks. I will have a bottle of Corona beer, and some potato chips. Could you bring the order to my sunbed by the pool over there?

B : No problem! It will be 10 dollars.

A : Will you charge it to my room?

B : Okay. Will you write down your room number and sign here?

A : 안녕하세요, 여기에서 마실 것 좀 가능할까요?

B : 물론입니다. 메뉴판 여기에 있어요. 무엇을 드시겠어요? 천천히 보세요.

A : 감사합니다. 코로나 맥주 1병과 감자칩으로 할래요. 저쪽 수영장 옆의 일광욕 침대로 주문한 것을 갖다 주시겠어요?

B : 물론입니다. 10달러입니다.

A : 계산은 제 방으로 해 줄래요?

B : 좋습니다. 여기에 객실번호를 적고 서명해 주시겠어요?

표현·단어

- a bottle of 한 병의
- a glass of 한 잔의
- sunbed (수영장이나 바닷가의) 일광욕 침대

Today's Question 호텔 카페에서 주문 ordering at a hotel cafe

1 Can I get something to drink here?
여기에서 마실 것 좀 가능할까요?

→ 대답 **Of course, here is the menu. What would you like?**
물론이죠. 메뉴 여기에 있어요. 무엇을 드시겠어요?

→ 유사 표현 **Can I order something to drink here?** 여기서 마실 것 주문 가능할까요?

2 What will you have?
무엇을 드시겠어요?

- 식당이나 카페에서 주문을 받을 때 자주 쓰는 말로 유사표현은 What would you like?(뭐 드시겠어요?) / What will it be?(무엇으로 할래요?) / May I take your order?(주문하시겠어요?) 등입니다.

→ 대답 **I will have a cocktail. May I see the cocktail menu, please?**
저는 칵테일 한 잔 할래요. 칵테일 메뉴판 좀 볼 수 있을까요?

3 Could I have seconds, please?
한 번 더 먹어도 될까요?

- seconds는 a second helping(한 번 더)라는 뜻인데, 음식을 한 차례 먹고 한 번 더 먹는 것을 말합니다. Would you like some seconds? / Do you want a second helping?(한 번 더 드실래요?).

→ 대답 **Sure, help yourself to some more.** 물론이죠. 맘껏 더 갖다 드세요..
→ 유사 표현 **May I have some more?** 제가 좀 더 먹어도 될까요?

4 What comes with this dish?
이 요리에는 무엇이 함께 나옵니까?

- 음식을 주문할 시 주요리(main dish)에 함께 나오는 부요리(side dishes)가 궁금할 때 씁니다.

→ 대답 **It comes with a mixed salad, baguette, and a glass of red wine.**
그것은 혼합 샐러드, 바게트, 그리고 레드와인 한 잔과 함께 나옵니다.

Can you call a taxi for me, please?

택시 좀 불러 주시겠어요?

호텔(hotel)에서 직원에게 택시를 불러 달라고 요청할 때는 Can you call me a taxi, please?(택시 좀 불러 주시겠어요?) / I need a taxi, please(택시가 필요합니다)라고 말합니다.

Dialogue

A : **Hello,** Can you call a taxi for me, please?

B : **Okay,** where are you trying to go?

A : **I want to go to a famous cafe downtown.**
How long will it take to get there by taxi?

B : **It will take about 20 minutes.**

A : How much is the regular taxi fare downtown?

B : **It will be about 25 dollars.**

A : 안녕하세요, 택시 좀 불러 주시겠어요?
B : 네, 어디에 가려는 겁니까?
A : 시내에 있는 유명한 카페에 가고 싶어요.
택시로 거기까지 가는 데 얼마나 걸릴까요?
B : 20분 정도 걸릴 겁니다.
A : 시내에 가는 데 보통 택시 요금이 얼마입니까?
B : 25달러 정도가 들 겁니다.

표현·단어

- **downtown** (명사)시내, 도심, (부사)시내에, 시내로
- **by +교통수단** ~을 타고서, ~로(by taxi : 택시를 타고서 / by bus : 버스를 타고서)
- **regular taxi fare** 보통의 택시요금

Today's Question 택시 부르기 call a taxi

1 Can you call a taxi for me?
택시 좀 불러 주시겠어요?

• call a taxi : 택시를 부르다

→ 대답 **Okay, where do you want to go?** 네, 어디로 가고 싶습니까?

→ 유사 표현 **I'd like a taxi immediately please.** 택시를 즉시 불러 주세요.

2 How far is it from here to the Hilton Hotel?
여기에서 힐튼 호텔까지 얼마나 멀어요?

• far : 먼, 멀리 있는 • from A to B : A에서 B까지(시간, 거리, 상황 등 다 사용)

→ 대답 **It's about five miles away.** 5마일 정도 거리입니다.

→ 응용 표현 **What's your destination?** 목적지가 어디입니까?

3 How much will the taxi fare be from here to the airport?
여기에서 공항까지 택시요금이 얼마나 나올까요?

• depend on : ~에 달려있다, ~에 의존하다

→ 대답 **It depends on the traffic. The average fare is about 30 dollars.**
그것은 교통 사정에 따라 달라요. 평균 요금은 약 30달러입니다.

4 Have you ever taken a taxi while traveling abroad?
당신은 해외여행 중에 택시를 타 본 적 있습니까?

• take +교통수단 : ~을 타다(take a taxi / a bus / a subway) : 택시 / 버스 / 지하철을 타다

→ 대답 **No, I haven't. What about you?** 아니요, 그런 적 없어요. 당신은요?

→ 유사 표현 **Have you ever used a taxi in a foreign country?**
외국에서 택시를 이용해 본 적이 있습니까?

Where to?

어디까지 가세요?

외국에서 택시를 타면 기사가 흔히 목적지를 물을 때 Where to?(어디까지 가세요?) / Where are you going?(어디 가세요?) / Where would you like to go?(어디로 가시겠습니까?) / Where should I take you?(어디로 모셔다 드릴까요?) / What's your destination?(목적지는 어디입니까?)을 자주 씁니다.

Dialogue

A : Good afternoon. Where to?

B : Can you take me to this address, please?

A : Okay, No problem. Please get in.

B : **Thanks.** How long does it take to get there?

A : It usually takes about 15 minutes if there is no traffic.

B : **I see.** Can you step on it, please? **I am in a hurry now.**

A : 안녕하세요, 어디까지 가세요?

B : 이 주소로 데려다 주시겠어요?

A : 좋아요. 문제없어요. 타세요.

B : 감사합니다. 거기 가는 데 얼마나 걸릴까요?

A : 교통 혼잡이 없으면 15분 정도 걸립니다.

B : 알겠습니다. 좀 빨리 가 주시겠어요? 제가 지금 급해요.

표현·단어

- **get in + the car(taxi)** 차(택시)에 타다
- **get on the bus** 버스에 타다
- **step on it** 속력을 내 주세요(= speed up)
- **be in a hurry** 급해요

Today's Question 택시이용하기 using a taxi

1 Where to?

어디까지 가세요?

- 택시기사가 승객에게 목적지를 물을 때 흔히 쓰는 표현입니다.

→ 대답 **To the airport, please.** 공항으로 가주세요.

→ 유사 표현 **Where should I take you?** 어디로 모실까요?

→ 응용 표현 **How far is it from here to the place?** 그 장소까지 얼마나 멀어요?

2 Can you open the trunk? I have two suitcases.

트렁크 좀 열어 주시겠어요? 가방이 두 개 있어요.

→ 대답 **Yes. Let me help you with the bags.** 제가 가방 넣는 것을 도와드리겠어요.

→ 응용 표현 **Will you roll up the window, please?** 창문 좀 올려 주시겠어요?

3 Could you slow down a little bit? We aren't in a hurry.

속도 좀 줄여 주시겠어요? 우린 급하지 않습니다.

- slow down : 속도를 줄이다 ↔ go faster : 속도를 내다(= step on it / speed up)

→ 대답 **Yes, sir. Sorry about that.** 네, 그러죠. 죄송합니다.

→ 응용 표현 **How much is the fare?** 요금은 얼마입니까?

4 Can you stop at the next corner, please?

다음 코너에서 세워 주시겠어요?

- stop : 멈추다, 세우다 • get off : (차에서) 내리다

→ 대답 **Alright. Here we are.** 좋아요. 다 왔습니다.

→ 응용 표현 **Let me get out here.** 저는 여기에서 내릴게요(= I'll get off here).
Where would you like to get off? 어디에서 내리시겠습니까?

I have a sore throat.

목이 아파요.

감기가 걸렸을 때 증상 영어표현은 I have a cold(감기 걸렸어요) / I have a sore throat(목구멍이 아파요) / I have a headache(두통이 있어요) / I have a fever(열이 있어요) 등을 기억하세요.

Dialogue

A : **Please take a seat here.** What seems to be the problem?

B : **I am afraid I have the flu.**

A : What are your symptoms?

B : **I have a swollen and sore throat. I also have a fever.**
I coughed badly last night, too.

A : **Oh, I see.** Let me examine you first. **Let me check your throat.**

B : **Oddly enough, I have muscle aches all over my body.**

A : 여기에 앉으세요. 무슨 문제로 오셨습니까?
B : 유감스럽게도 독감에 걸린 것 같아요.
A : 어떤 증상이 있습니까?
B : 목구멍이 붓고 아파요. 또한 열이 있어요.
지난밤에는 심하게 기침을 했어요.
A : 아, 그렇군요. 우선 진찰을 해 보겠습니다. 목구멍을 살펴볼게요.
B : 이상하게도, 저는 온몸에 근육통이 있어요.

표현·단어

- **I am afraid that 주어 + 동사** 유감스럽게도 ~인 것 같다
- **flu** 독감(influenza의 줄임말)
- **swollen** 부어오른
- **cough** (명사)기침, (동사)기침하다
- **muscle ache** 근육통

Today's Question 호텔에서 아플 때 when you're sick

1 What seems to be the problem?
무슨 문제로 오셨습니까?

• 이 말은 병원에서 의사가 환자에게 자주 묻는 말로 '어디가 아파서 왔느냐'는 뜻입니다.

→ 대답 I have a stomachache. 복통이 있어요.

→ 유사 표현 What's wrong with you? / What's the matter? 문제가 뭔가요?

2 What are your symptoms?
어떤 증상이 있습니까?

• symptom : (병의) 증상, 증세, • painful : 고통스런, 통증이 있는

→ 대답 My eyes are painful. 눈이 아파요.

→ 응용 표현 Are you taking any medication? 약 복용하는 게 있나요?

3 Is there a medical clinic in this hotel?
이 호텔에 진료소가 있나요?

• medical clinic : 진료소, 병원(= hospital), 개인 병원(= doctor's office)

→ 대답 Yes, It's on the second floor. 네, 그것은 2층에 있어요.

→ 응용 표현 Can I get some medical treatment in this hotel?
이 호텔에서 진료를 받을 수 있을까요?

4 Do you have an allergy to any medication?
어떠한 약에 대해 알레르기가 있어요?

• have an allergy to : ~에 알레르기가 있다(= be allergic to) • medication : 약, 의약품

→ 대답 No, not that I know of. 아니요, 제가 아는 바로는 없습니다.

→ 응용 표현 When did the symptoms start? 그 증상들은 언제 시작됐어요?

Can I have my bill?

계산서를 주실래요?

호텔체크아웃(check-out) 시, 숙박료(room charge) 및 지출내역서(invoice)를 달라고 할 때 영어표현은 I'd like to check out now(지금 체크아웃하고 싶습니다) / Can I have my bill?(계산서를 주실래요?) / I'd like an invoice, please(지출내역서 좀 주세요)입니다.

Dialogue

A : I'd like to check out. Here is the key. Can I have my bill?

B : Sure, did you enjoy your stay with us?

A : Yes. I did. It's the best hotel I've ever stayed in.

B : I'm so glad to hear that. Did you have anything from the minibar?

A : Yes, I had two bottles of beer. I'd like an invoice, please.

B : All right. Here it is. How would you like to pay?

A : 체크아웃하고 싶어요. 여기 열쇠가 있어요. 계산서를 주실래요?

B : 그러죠. 저희와 함께 있는 동안 즐거우셨습니까?

A : 네. 정말 즐거웠어요. 제가 묵어 본 호텔 중에 최고입니다.

B : 그 말씀을 들으니 기쁩니다. 소형냉장고에서 뭐 드신 것 있습니까?

A : 네, 맥주 두 병 마셨어요. 지출내역서 좀 주세요.

B : 네. 여기에 있습니다. 계산은 어떻게 하시겠어요?

표현·단어

- **check out** 체크아웃하다, 퇴실하다 ↔ **check in** 투숙하다
- **bill** 계산서(= check / invoice : 송장, 인보이스, 지출내역청구서)

Today's Question 호텔 체크아웃 hotel check-out

1 Can I have my bill?
계산서를 주실래요?

→ 대답 What's the room number? 객실번호가 뭡니까?

→ 응용 표현 What's the checkout time? 퇴실 시간은 몇 시입니까?

2 Can I check out late?
늦게 체크아웃해도 될까요?

• check out late : 늦게 체크아웃하다 • Over Charge : 호텔 객실 사용 기간 동안의 초과 요금

→ 대답 Yes, you can. But you have to pay an over charge for late check-out.
네, 가능합니다, 하지만 늦은 퇴실에 대해서 초과 요금을 지불하셔야 합니다.

→ 응용 표현 Could I get a late check-out 늦은 체크아웃이 가능한가요?

3 Is there an extra charge for late checkout?
늦은 체크아웃에 대해 초과요금이 있나요?

• extra charge : 초과요금(=overcharge 객실추가요금)

→ 대답 There is no overcharge for check-out by 1:00. After that, you have to pay a half day charge.
오후 1시까지 퇴실에 대해서는 초과 요금이 없습니다. 그 후에는 반나절요금을 내셔야 합니다.

4 Do you provide shuttle bus service to the airport?
공항까지 셔틀버스 서비스를 제공합니까?

• provide : 제공(공급)하다(= offer : 이용하도록 제공하다)

→ 대답 Yes, we offer a free shuttle bus. The shuttle buses run every hour.
네, 무료 셔틀버스를 제공합니다. 셔틀버스는 매 시간마다 운행합니다.

→ 유사 표현 Is there a shuttle bus to the airport? 공항에 가는 셔틀버스가 있나요?

Could you give me a discount?

깎아 주시겠어요?

가격을 흥정할 때 유용한 영어표현은 Can you give me a discount on this?(이것 좀 깎아 주시겠어요?) / Could you come down a little?(가격 좀 내려 주시겠어요?) 등이 있습니다.

Dialogue

A : Excuse me. Can I try on this scarf?

B : Of course. Go ahead. Let me take it out for you. Here it is.

A : Thanks. I like it. How much is it?

B : It's 80 dollars. It's a brand-new product. You made a good choice.

A : It's a little expensive. Could you give me a discount?

B : I'm sorry. It is the fixed price. **I cannot give you any discounts.**

A : 실례합니다. 이 스카프를 해 봐도 될까요?
B : 물론이죠. 그렇게 하세요. 제가 꺼내 드릴게요. 여기에 있어요.
A : 고마워요. 마음에 들어요. 그것은 얼마입니까?
B : 그것은 80달러입니다. 신상품입니다. 선택을 잘하셨어요.
A : 약간 비쌉니다. 깎아 주시겠어요?
B : 죄송합니다. 그것은 정찰제입니다. 깎아 드릴 수가 없습니다.

표현·단어

- **brand-new** 새로운, 신품의
- **product** 제품, 상품(= item / goods)
- **expensive** 값이 비싼
- **cheap** 값이 싼
- **fixed price** 정가, 정찰가격

Today's Question 쇼핑 및 가격 흥정 shopping & discount

1 Can I try on this scarf?
이 스카프를 해봐도 될까요?

- try on + 옷(액세서리, 신발을 포함한 몸에 걸치고 입는 모든 것) : 입어 보다, 신어 보다, 해 보다

➜ 대답 **Sure, go ahead.** 그럼요. 그렇게 하세요.

➜ 응용 표현 **Where is the fitting room?** 탈의실은 어디에 있어요?

2 How much is it?
그것은 얼마입니까?

- 가격을 물을 때 유사표현에는 How much do I pay for it?(그것은 얼마를 지불하면 되나요?) / What's the price of it?(가격은 얼마인가요?) / How much do I owe you?(얼마를 드리면 될까요?) 등이 있습니다.

➜ 대답 **It's fifty dollars.** 그것은 50달러입니다.

➜ 응용 표현 **Is this on sale now?** 이것은 지금 할인판매 중인가요?

3 Can I get a discount on it?
할인을 받을 수 있을까요?

- get(give / offer) a discount on : ~에 대해 할인을 받다, 할인을 해 주다

➜ 대답 **I can give you a discount of 20% off the fixed prices.**
정가에서 20퍼센트 할인해 드릴 수 있습니다.

➜ 유사 표현 **Can you make it less expensive?** 조금 싸게 해 줄 수 있어요?

4 Do you usually ask for a discount when you shop?
당신은 쇼핑할 때 주로 물건 값을 깎아 달라고 요청합니까?

- ask for a discount : 할인을 요청하다, 할인해 달라고 요구하다

➜ 대답 **Yes, I usually do that. It doesn't hurt to try. How about you?**
네, 저는 주로 그렇게 해요. 해 봐서 나쁠 건 없잖아요. 당신은요?

Free Talking Questions 10

자신의 상황에 맞게 자유롭게 질문하고 대답해 보세요.

01. *What time can I have breakfast?*

02. *How would you like your eggs?*

03. *What do you specialize in at this restaurant?*

04. *Can you recommend some good dishes here?*

05. *Do you always get receipts when you buy things?*

06. *Is there a charge for using this?*

07. *What time is the swimming pool open?*

08. *What comes with this dish?*

09. *Could you send a taxi to the Hilton Hotel, please?*

10. *Have you ever taken a taxi while traveling abroad?*

11. *How far is it from here to the Hilton Hotel?*

12. *Can I get some medical treatment in this hotel?*

13. *Do you have an allergy to any medication?*

14. *Do you provide shuttle bus service to the airport?*

15. *Do you usually ask for a discount when you shop?*

1. 아침식사는 몇 시에 할 수 있나요?
2. 계란을 어떻게 요리해 드릴까요?
3. 이 식당에서 전문으로 잘하는 게 뭡니까?
4. 여기에서 맛있는 요리 좀 추천해 주실래요?
5. 당신은 물건을 살 때 항상 영수증을 받아 챙기시나요?
6. 이것을 사용하는 데 요금이 부과됩니까?
7. 수영장은 몇 시에 개방하나요?
8. 이 요리는 무엇이 함께 나옵니까?
9. 힐튼 호텔로 택시 좀 보내 주시겠어요?
10. 당신은 해외여행 중에 택시를 타 본 적이 있습니까?
11. 여기서 힐튼 호텔까지 얼마나 멀어요?
12. 제가 이 호텔에서 진료를 받을 수 있을까요?
13. 어떤 약에 대해 알레르기가 있어요?
14. 공항까지 셔틀버스 서비스를 제공합니까?
15. 당신은 쇼핑할 때 주로 물건 값을 깎아 달라고 요청합니까?

Bonus page

호텔에서 자주 쓰는 유용한 단어

01. hotel reservation 호텔예약
02. complimentary 호텔 손님에게 무료로 제공하는 물품, 생수, 커피 등
03. welcome drink 호텔 도착 시 투숙객에게 제공되는 환영 무료음료
04. continental breakfast 유럽식 조식 / American breakfast 미국식 조식
    oriental breakfast 동양식 조식
05. Concierge 호텔에 관한 정보 및 레스토랑, 여행에 필요한 교통편, 안내 등의 서비스를 제공하는 안내원
06. Amenity 호텔 객실에 무료로 제공되는 편의 목욕 용품들
07. Room rate 숙박 요금(= room charge)
08. Standard Room 일반객실
09. Superior Room 우수한 상급의 객실
10. Deluxe Room 고급객실
11. Single room 1인실(싱글침대)
12. Twin room 2인실(침대 2개)
13. Double room 2인실(더블침대 1개)
14. suite 스위트룸
15. connecting room 객실 두 개가 문으로 연결된 방
16. reception 호텔의 프런트, 접수처
17. Smoking room 흡연실 / Non-smoking room 금연실
18. Ocean view 바다 전망 / garden view 정원 전망 / City view 도시 전망
    Mountain view 산 전망
19. safe 금고
20. All-inclusive 숙박료에 식사, 음료 부대시설 등 모든 비용이 포함
21. Early check-in 이른 시간에 도착하여 체크인
22. Late check-out 퇴실 시간 이후에 체크아웃
23. registration card 숙박 등록카드
24. deposit 보증금(호텔 기물 파손에 대비해 받는 보증금, 반환됨)
25. Extra Charge 추가요금
26. Overcharge 사용기간 초과요금
27. housekeeping 호텔물품(수건, 휴지, 욕실 용품 등) 및 시설관리
28. wake-up call 호텔에서 손님의 요청에 따라 깨워 주는 전화 서비스
29. Egg station 계란 요리대
30. receipt 영수증